O LOBO COME AS BOAS MENINAS

Renate Göckel

O LOBO COME AS BOAS MENINAS

Tradução
HEIDEMARIE KÖSTER

EDITORA CULTRIX
São Paulo

Título do original:
Brave Mädchen Holt Der Wolf.

O primeiro número à esquerda indica a edição, ou reedição, desta obra. A primeira dezena à direita indica o ano em que esta edição, ou reedição, foi publicada.

Edição	Ano
1-2-3-4-5-6-7-8-9-10	02-03-04-05-06-07

Direitos de tradução para a língua portuguesa
adquiridos com exclusividade pela
EDITORA PENSAMENTO-CULTRIX LTDA.
Rua Dr. Mário Vicente, 368 – 04270-000 – São Paulo, SP
Fone: 272-1399 – Fax: 272-4770
E-mail: pensamento@cultrix.com.br
http://www.pensamento-cultrix.com.br
que se reserva a propriedade literária desta tradução.

Impresso em nossas oficinas gráficas.

Sumário

Prefácio

– Isso não é verdade – disse uma amiga, quando lhe contei o título do meu novo livro. – Chapeuzinho Vermelho não era simplesmente boazinha, pois desviou-se do caminho mesmo tendo prometido à mãe que seguiria suas recomendações. E, por isso mesmo, foi devorada pelo lobo. – Então é isso!

Mas Chapeuzinho Vermelho foi boazinha, sim, pois obedeceu aos outros e não atendeu aos próprios instintos. Obedeceu até demais, pois seus instintos evocaram uma advertência. A mãe: "Não se desvie do caminho, senão você cai, quebra o vidro e a vovó vai ficar sem nada. E quando chegar à casa dela, não se esqueça de dar bom-dia, em vez de ficar olhando para todos os lados";[1] assim diz a lenda dos irmãos Grimm. O lobo: "Chapeuzinho Vermelho, veja só que lindas flores crescem por toda parte; por que não se volta para olhar? [...] Você caminha como quem vai à escola, e lá na floresta é tão divertido!"

Chapeuzinho Vermelho quer agradar aos dois, mãe e lobo. Ao entrar no quarto, onde o lobo está deitado na cama da sua avó, seus instintos claramente sinalizam perigo: "Nossa! Estou sentindo um medo estranho, hoje; eu que gosto tanto de estar com a vovó". Em vez de salvar imediatamente sua pele, Chapeuzinho Vermelho permanece no quarto e ainda pergunta amavelmente: "Vovó, por que você está com as orelhas tão grandes?"

Não é por acaso que Chapeuzinho Vermelho é uma menina. Seu comportamento é bem conhecido da maioria das mulheres. É uma mistura de sorriso amável, jeito prestativo, submissão, comportamento adequado e autonegação. Esta mistura, que chamarei de "ser amável demais", a princípio mostra-se muito agradável.

Mas com o tempo evidencia-se que "ser amável demais" cava buracos profundos na vida das mulheres. Muitas vendem sua alma para manter as circunstâncias indignas como estão. Em toda parte encontramos mulheres "amáveis demais": nas lojas, no trem, durante as férias. Ninguém está a salvo disso. Ou está? Existe pouca literatura específica a respeito da autonegação feminina.

Pensando nisso, colecionei muitos exemplos, nos quais inúmeras mulheres hão de se reconhecer. Só podemos modificar aquilo que identificamos e chamamos pelo nome. Esse é o objetivo deste livro.

Um sonoro muito obrigada

- a todas as clientes e às outras mulheres, que contribuíram com exemplos da sua vida;
- às mulheres que preencheram os formulários de perguntas detalhadas sobre o "ser amável demais";
- ao grupo de mulheres de Hameln, que se ofereceram espontaneamente como cobaias;

- à minha amiga Henriette Köhler que, durante o auge da finalização deste livro, distraiu meu filho brincando de pegar sapinhos durante três dias (mas que em seguida foram todos soltos);
- à minha amiga Ulla Hofmann-Credner, pela emocionante história da imagem da santa;
- ao meu companheiro Dr. Peter Keesz, que freqüentemente afastou-me dos problemas nas épocas em que eu escrevia, cuidando de nosso filho e esclarecendo-me, do ponto de vista masculino, acerca do difícil tema da autonegação feminina;
- ao meu filho Matthias, pela sua compreensão. Ele teve de renunciar a mim por algum tempo;
- à minha editora, doutora Christine Flitner, pelo seu estímulo e sua fé inabalável nos meus livros.

Renate Göckel

Introdução

Antigamente, chamávamos esse fenômeno de "insegurança". Nos meus tempos de estudante, nos anos 70, a insegurança era tida como um transtorno psíquico, que poderia ser superado com alguns treinamentos de autoconfiança. Um desses treinamentos ainda está bem claro na minha lembrança. Primeiro, preenchíamos um formulário de perguntas dividido em secções que continham descrições de comportamentos agressivos, autoconfiantes e inseguros. Depois de dez descrições dessas, a gente sabia muito bem o que significava comportamento seguro: era quando se podia relatar determinado problema de modo claro, objetivo e conciso. Era quando não nos deixávamos convencer, não admitíamos protelações e não nos "bandeávamos" para o outro lado. Ficávamos com a nossa afirmativa e tínhamos sucesso. Em seguida, tínhamos que aprender "ao vivo", isto é, tínhamos de converter tudo em atos.

Certa vez, tivemos de abordar alguém na rua para perguntar as horas e continuar "autoconfiantes". Isso significava concretamente que não podíamos dizer: – Ah, desculpe-nos, será que poderia me dizer as horas? – Certamente tínhamos de omitir as desculpas. Onde não há culpa, também não há o que desculpar.

E então teríamos nos comportado de maneira "autoconfiante". Era simples assim.

Antigamente, acreditávamos mesmo que alguém que se *comporta* de maneira segura, também *é* seguro.

No decorrer dos anos, percebi, como muitas de minhas colegas, que um treinamento superficial não supera os fenômenos da insegurança. Claro, em determinadas situações, pode-se obter muito mais com um "comportamento autoconfiante" do que com agressividade ou insegurança.

Fazíamos um treinamento de autoconfiança de dez sessões, e cada participante conseguia, depois disso, pedir seu prato sem tremer ou dizer ao seu locador que aumentasse a temperatura do aquecimento, ou ele teria de dar um desconto no aluguel. Em seguida, o psicólogo dava-lhe uns tapinhas nas costas e ficava contente com o desfecho do treinamento.

Mais tarde, encontrava-se ocasionalmente com um dos antigos participantes. Será que ele, ao longo dos anos, havia se saído melhor? Será que havia conseguido separar-se da mulher? Será que havia mudado de emprego? Será que ele finalmente havia começado seu sonhado *hobby*? Não.

Ele ainda havia conseguido apresentar-se algumas vezes de maneira "segura". Depois disso, a "autoconfiança" havia adormecido, acordando, vez ou outra, quando ele se sentia "por cima". Ele mesmo não podia compreender isso. Mas era assim.

E então o psicólogo e o ex-participante mudavam rapidamente de assunto. O treinamento é que não valia nada, ou o participante era inconseqüente demais? Será que o psicólogo não conseguira passar o conhecimento de modo correto? Ou era um pouco de cada coisa? Em ambos ficava um sentimento de vazio. Por quê? Um rápido treinamento não pode esmiuçar o fenômeno da insegurança. O mero aprendizado do "comportamento autoconfiante" não atinge os sentimentos e pensamentos complexos que dizem respeito à autoconfiança.

Quando mais tarde trabalhei com mulheres com distúrbios do apetite, reparei num fenômeno que se mostrou mais obstinado que o próprio distúrbio: o *acolhimento obrigatório das reivindicações alheias, aliado à ausência de "egoísmo"*. Eu chamo isso de a síndrome do "ser amável demais" porque, a princípio, esse fenômeno se manifesta por um comportamento amável, amigável e prestativo.

– E onde está o problema? – perguntarão vocês. Ali, onde este comportamento "amável" se torna algo forçado.

O "ser amável" tem, como toda medalha, duas faces: *um dos lados* é a compreensão ilimitada dos sentimentos dos outros e a obrigatória realização de suas necessidades. O *outro lado* é a falta de compreensão das próprias necessidades, aliada a fortes sentimentos de culpa, quando, ocasionalmente, os próprios sentimentos e desejos são satisfeitos.

Talvez você pressinta esse fenômeno, porque logo algumas atitudes lhe vêm à memória? Você é bondosa demais, tolerante demais, tímida demais, dócil demais? Você suporta tudo? Então você está no rastro certo.

Muitas das descrições de situações do próximo capítulo foram discutidas com clientes, amigas e seus maridos.

Os homens tendiam a ver o comportamento amável demais como *burrice*. Mas quando se observava melhor, ficava claro que eles, de vez em quando, também eram excessivamente amáveis, "em nome da almejada paz".

Contudo, eles estavam sempre *conscientes* de que, se faziam concessões, era a fim de alcançar um objetivo determinado. Logicamente, senão eles não poderiam ter falado a respeito disso. Porque, em relação a mulheres amáveis, seu "ser amável demais" era, a princípio, apenas vagamente consciente. No decorrer do tempo, elas constataram, assustadas, como eram abrangentes e enraizadas as atitudes de querer ser amável. Elas eram lançadas profundamente na infância e estendiam-se até os gestos mais banais da idade adulta. Decidi investigar esse fenômeno usando um formulário de perguntas. Vinte mulheres "amáveis demais" se mostraram dispostas a expor seu modelo de educação, os valores de seus pais, imagens de mulheres desprezadas ou consideradas de sua família, seu comportamento adequado na família, sua maneira de apaziguamento no cotidiano e seus medos. Esse miniestudo não traz nenhuma chancela de garantia científica, mas mostra tendências sobre as quais você, cara leitora, poderá refletir. Eu gostaria de tornar concretamente visível como o fato de "ser amável demais" ou ser boazinha, ou como queiramos denominá-lo, atravessa a vida de tantas mulheres. Nós observamos as causas, pois o comportamento "amável demais" começa muito cedo.

Mulheres amáveis demais são mulheres sensíveis e inteligentes que, quando crianças, compreenderam depressa como sobreviver psiquicamente dentro da própria família original. Na opinião de Alice Miller, trata-se de "crianças talentosas", cuja capacidade de compreensão garantia-lhes um grande papel na família – quando elas empregavam sua capacidade em prol dos *outros*. Com isso, elas *próprias* perderam-se de vista. Ser amável, que inicialmente era positivo, tornou-se uma coerção, e com o passar do tempo, um pesadelo.

A meta da aprendizagem deste livro é despertar do pesadelo. Identificar as coações, motivar e abrir possibilidades de escolha. Colocar a si mesma (novamente) em primeiro plano. Ah, se não fossem estes malditos sentimentos de culpa...

PARTE I

As Cinco Faces do "Ser Amável Demais"

1

A Autonegação

Rebaixar-se e engolir

Recentemente deparei-me com esse problema. Diante do balcão de entrega de vasilhames no supermercado, uma senhora de cinqüenta e poucos anos aguardava. A vendedora que acumulava a tarefa de recolher os vasilhames, no momento, servia no balcão dos queijos. Eu me coloquei atrás da mulher, na fila, e esperei também. Tranqüilamente, a vendedora continuava atendendo no balcão de queijos. Ali chegavam sempre novos fregueses, que eram prontamente atendidos. Aos poucos, comecei a ficar inquieta. Perguntei à mulher à minha frente há quanto tempo ela estava aguardando: – No mínimo há dez minutos. Toda tarde é a mesma coisa. Eles estão sempre ocupados.

Ela também estava visivelmente contrariada. Em silêncio, esperamos por mais dois minutos. Então eu achei que já era demais.
– Você se esqueceu de nós? – perguntei à vendedora, tão gentilmente quanto (ainda) me era possível. Ela ficou muito vermelha e disse: – Eu já vou.

Realmente, ela veio logo. A mulher à minha frente estendeu-lhe as garrafas e comentou envergonhada que "não havia necessidade de ter vindo tão depressa". Eu não disse nada e fiquei pensando sobre o ocorrido. Quando a mulher entregou os vasilhames, ela passou por mim, dizendo: – Pois é, a gente tem de saber esperar. Eu aprendi isso.

O que me chamou a atenção? Primeiro, que as mulheres esperam demais e observam sem tomar nenhuma iniciativa. Segundo, que elas não conseguem exigir nada para si mesmas. Se tiverem que exigir algo para seus filhos, elas o fazem em menos tempo. Mas não querem parecer egoístas. Terceiro, que muitas vezes elas se sentem constrangidas quando uma outra mulher é tão "descarada". Quarto, que as mulheres sempre tendem a harmonizar e a apaziguar a situação, mesmo quando o correto seria um comportamento totalmente diferente. E quinto, e mais grave, que muitas mulheres não estão conscientes do quanto se rebaixam e engolem. Elas se rebaixam por "motivos coercitivos" ou por muitas outras coisas "para agradar" aos outros. Ou seja: elas "não fazem cena".

Se agirmos assim dez vezes ao dia, acabaremos com uma curiosa mistura de sentimentos: inquietação, cobiça, ira, ressentimento, o sentimento de ser preterida, onipotência, inveja e muito mais.

Mas vejamos primeiro outros exemplos para apreender, em toda a sua dimensão, o fenômeno do "ser amável demais", de rebaixar-se e engolir.

– Às vezes a sala de audiência está tão quente e sufocante que eu tenho vontade de abrir uma janela. Mas eu não posso, com medo de que todos os olhares se voltem para mim.

– Na parte da manhã, quando meus filhos estão na escola, eu poderia afinal fazer algo para mim mesma – disse-me uma dona de casa de formação acadêmica. – Eu poderia ler os livros que comprei, costurar meus quilts favoritos ou mesmo terminar o conto que comecei a escrever. Mas não faço nada disso. Dou início à arrumação da casa sem nenhum planejamento, ligo para uma amiga e começo a comer. Por vezes eu ainda leio o jornal, caoticamente, de trás para a frente. Então num instante já são onze horas e eu tenho de começar a fazer o almoço. Pelo resto do dia, naturalmente, não consigo mais me dedicar a meus próprios trabalhos. Alguma outra coisa é sempre mais importante. Eu não entendo por que não consigo fazer nada na parte da manhã. É como se fosse uma proibição interior.

– Até há pouco tempo, eu passava no consultório para apanhar minha relação de consultas médicas. Outro dia, uma amiga deu-me a idéia de simplesmente telefonar. De alguma maneira, eu achava que não podia facilitar as coisas para mim.

– Quando cozinho na companhia de outras pessoas, fico o tempo todo perguntando se "está certo". Às vezes fico tão insegura que não consigo nem sequer cortar os tomates. Então eu tenho de perguntar para os outros: – fatias ou cunhas? –, mas quando cozinho sozinha, jamais fico insegura.

– Quando estou no cabeleireiro e estou lendo uma revista, eu a guardo quando ele se aproxima para conversar comigo. Somente quando ocasionalmente ele se afasta é que eu continuo a ler. Certa vez, ele me disse que eu poderia continuar tranqüilamente a leitura. Então fiquei surpresa e envergonhada.

– Minha filha pequena recentemente atirou com raiva seu ursinho em mim. Eu podia facilmente ter-me desviado, mas não o fiz. Acho que eu queria ser atingida. Tive a impressão de estar do lado da minha filha, e não do meu.

– Eu tinha saído para correr algumas voltas no quarteirão. Então encontrei uma vizinha de carro. Ela me ofereceu carona. Na verdade, eu ainda não queria ir para casa. Mas aceitei a oferta e fingi que estava contente. Ou será que eu queria realmente ir para casa?

– Eu estava no ônibus vendo as fotos das minhas férias, que acabara de apanhar, e notei que um homem estava olhando por cima do meu ombro. Tive uma sensação desagradável e, em seguida, virei as fotos, de maneira que ele tivesse uma visão ainda melhor. Contudo, tudo devia parecer sem intenção.

– Tenho um colega de trabalho que freqüentemente, quando ninguém está olhando, dá uma passada de mão em mim. Eu faço de conta que não percebi nada.

– Eu entrei na loja realmente só para dar uma olhada. Mas a vendedora era tão gentil que eu não quis decepcioná-la. Assim, comprei algumas miudezas.

– No prédio onde moro tenho uma vizinha muito ranzinza. Ela fica à espreita, quando chego em casa, e afirma que faço barulho ao fechar a porta. Mesmo que eu feche a porta o mais silenciosamente possível, ela me xinga. Eu já estou ficando com medo dela.

– Há três meses eu estou morando no meu novo quarto – diz uma estudante –, mas não posso entrar, de fato, na posse dele. Não tenho permissão para espalhar minhas coisas e nem para pôr as pernas em cima do sofá. Então eu fico ali, sentada, como se estivesse num quarto de hotel.

– Quando estou no computador e meu chefe fica em pé atrás de mim, eu logo começo a me justificar ou a esclarecer o que estou fazendo no momento e por quê. Meus colegas não fazem isso. Eles continuam a trabalhar tranqüilamente e se o chefe faz algum comentário tolo, eles logo saem com uma frase espirituosa.

– Quando visito minha mãe e admiro alguma planta nova ou qualquer novidade na casa dela, ela quase sempre me pergunta se não a quero levar. Isso me torna agressiva. Minha mãe não consegue conservar nada para si; se uma pessoa cobiçar, mesmo que remotamente, algo que lhe pertença, ela se vê na obrigação de dar-lhe o objeto.

– Sempre que alguém tem uma opinião diferente da minha e a impõe em altos brados diante de mim, eu me torno tão insegura que chego a acreditar que a outra pessoa tem razão.

– Quando chego do trabalho, à noite, eu me sento e espero até que meu companheiro chegue. Isso leva aproximadamente duas horas. Nesse meio-tempo, eu poderia fazer algo significativo. Mas não consigo. Só consigo ver televisão ou comer.

– Meu filho mais velho está sentado na poltrona, vendo televisão, e eu vou fazer compras. Então eu lhe pergunto se ele quer que eu lhe traga determinada guloseima. Sem resposta. Eu torno a perguntar se devo comprar seu jornal de esportes. Um resmungo de aprovação. Novamente lhe pergunto se quer Fanta ou Coca. Por que não o mando fazer as compras de uma vez?

– Ao receber convidados, eu faço de tudo para que todos se sintam perfeitamente à vontade. Porém, quando tenho a impressão de que alguém está entediado, fico imediatamente com a consciência pesada.

– Cada vez que meus pais ligam dizendo que vêm me fazer uma visita, eu limpo a casa de cima a baixo. Eu quero que eles vejam que sou uma boa dona de casa.

Todas nós, mulheres, conhecemos situações nas quais somos especialmente corteses, gentis e prestativas. Freqüentemente, porém, trata-se de situações nas quais gostaríamos de causar uma boa impressão ou nos sentimos inseguras.

Numa entrevista importante, por exemplo, tentamos mostrar o nosso lado melhor, ou o que pensamos que seja. Isso é muito normal. Nós temos o "ser amável" à nossa disposição como amostra de comportamento. Mas, depois da entrevista, colocamos de lado essa "finalidade" do "ser amável". É a nossa máscara social. E nós sabemos disso.

Mas isso não acontece com pessoas amáveis demais. Elas simplesmente não conseguem ligar e desligar o "ser amável demais"; ao contrário, ele se manifesta imediata e automaticamente, quando outra pessoa entra no recinto. Especialmente se essa outra pessoa for um estranho, que não faça parte da família.

Os próprios sentimentos, genuínos, são renegados, suprimidos ou ignorados.

Ela se deixará trair.

O "ser amável" compreende uma diversidade de formas de manifestação: negação dos próprios sentimentos e impulsos, negação das próprias necessidades. Isso envolve impotência, autonegação, timidez, superassimilação das normas sociais, capacidade exacerbada de compreensão; incapacidade de decepcionar alguém, intensos sentimentos de culpa, o bloqueio de não conseguir expandir-se. Observei por muitos anos este fenômeno de "ser amável demais" não apenas nas minhas clientes com problemas de alimentação, mas em todas as mulheres que conheci. Também em mim e em minhas amigas.

Veremos adiante que existem motivos para que se manifeste com muito mais freqüência nas mulheres do que nos homens.

"Você facilita demais as coisas para si mesma"

A "síndrome da amabilidade" em geral é muito bem disfarçada. As mulheres que sofrem de fome compulsiva notam isso apenas quando satisfazem o desencadeador dos acessos de apetite com terapias especiais.

Um exemplo deverá demonstrá-lo claramente:

Maria relatou que na noite de domingo teve um desejo compulsivo de comer.

De repente. A bem dizer, como se caísse do céu. Eu lhe perguntei o que aconteceu no domingo. – Nada de especial – disse ela. – Tivemos visitas e foi realmente "muito agradável". – Quando as visitas foram embora, Maria lançou-se sobre o que restara do bolo e devorou tudo num instante. Contra a sua vontade. Será que foi por acaso?

Durante a terapia, Maria confirmou que a visita fora realmente "muito agradável". Aos poucos, ela começou a admitir que tinha sido um convite obrigatório. Que nos dias anteriores ao evento havia relacionado a visita ao pavor da faxina. Que ela não havia tido nenhuma vontade de fazer o bolo além de todo o trabalho doméstico, os filhos e a atividade profissional. Quando, finalmente, as visitas chegaram, Maria estava tensa e cansada. Mas ainda lhe estavam reservadas três horas de conversa trivial, a que ela resistiu também. Mas, nem bem as visitas saíram pela porta, Maria precisou de uma compensação por ter agüentado firme. O bolo era um alvo perfeito, e ela descontou seu prejuízo nele.

O pior para Maria não havia sido o trabalho. Muito mais extenuante tinha sido o fato de não poder dar vazão aos seus *verdadeiros* sentimentos. Não havia tido vontade de limpar a casa. Ela não havia tido vontade de fazer o bolo. E principalmente – o que por muito tempo ela não pôde confessar a si mesma – ela não gostava dos convidados. O casal convidado não tinha filhos; era, a bem da verdade, muito crítico, fiel a seus princípios e gostava sempre de ter razão. Como é que ela não havia reparado nisso antes? Porque então Maria teria tido um conflito. – Quando gosto de alguém, eu o convido para a minha casa; quando não gosto, eu não o convido, era o lema de Maria. Mas como ela "tinha" de convidar o casal, ela achava que tinha também de gostar deles. Maria esforçou-se por gostar da visita, "gostar" de fazer os preparativos e "ficar contente" em bater papo com eles.

Por que Maria não facilitou as coisas para si mesma e os convidou para ir a um Café? Por que ela teve de dificultar as coisas para si mesma?

– Porque eles nos convidaram para ir à casa deles. E porque eles se esforçaram muito – foi a resposta de Maria.

De novo, um axioma. Quando alguém faz alguma coisa por você, você lhe retribuirá tostão por tostão. Se não o fizer, você ficará lhe devendo. Esse é o motivo pelo qual Maria não pôde facilitar as coisas para si e convidá-los para ir ao Café. Uma solução barata como essa não "conta", e a "dívida" não estaria paga.

Mas toda a arrumação e faxina da casa e fazer o bolo não era suficiente. A autonegação cobra um preço mais alto. Maria tem de *gostar* de fazer. Agora imagine: você é convidada porque a anfitriã sente que tem obrigações com a sua pessoa. Ele (ou ela) se extenua, faz compras, arruma, limpa a casa, cozinha e fica feliz quando você finalmente vai embora. Como você se sentiria, como convidada, se soubesse desses sentimentos?

Maria se sentiria indesejada. Então ela tem de fazer de tudo para que os convidados não percebam seus verdadeiros sentimentos. E esconde tão bem seus sentimentos, que ela mesma não os encontra mais. Perfeito, não?

Anita, uma mulher que pelo menos percebe quando renega seus sentimentos e necessidades, sem que possa modificar isso, contou-me um exemplo concreto:

– Num fim de semana, visitei minha irmã, que mora nas proximidades de uma cidade. Era sábado, e ela propôs que fôssemos até a cidade para fazer compras. Eu havia decidido firmemente não mais comprar tralhas em cidadezinhas distantes, porque era muito complicado fazer trocas depois. Mesmo assim eu me deixei convencer a olhar uma loja de roupas na aldeia onde minha irmã mora. Como eu deveria ir a uma cerimônia de crisma, a princípio eu procurei uma roupa de festa. Minha irmã imediatamente cochichou para a vendedora. Eu me senti muito mal, pois agora me via na obrigação de pelo menos provar o que ela me trouxe. Eu experimentei diversas roupas. Minha irmã e a vendedora aprovavam em alto e bom som como o *tailleur* me assentava bem. Além do mais, a moda primavera já estava chegando às lojas e eu havia tido sorte em ainda achar algo tão elegante. Eu começava a ficar cada vez mais insegura sobre se realmente deveria me ater ao meu princípio.

– Finalmente, comprei um *tailleur* com duas saias, um colete e uma blusa combinando. O casaco e uma das saias tinham de ser encurtados. Quando deixei a loja, aquela sensação desagradável ainda me perseguia.

Quando comentamos essa situação, durante a sessão de terapia, Anita ainda estava insegura sobre se havia feito a compra certa. Ela se condenava pela sua "incapacidade de decisão".

Analisando mais detalhadamente, descobrimos por trás de sua incapacidade de decisão um bloqueio maciço em relação a si e ao seu princípio (não comprar roupas em cidadezinhas distantes).

Anita temia que sua irmã e a vendedora tivessem perdido seu tempo se ela não comprasse nada. E ela não queria decepcioná-las. Tampouco sentia raiva delas, apesar de a terem fortemente influenciado ("aconselhado"). Anita só sentia raiva de si mesma. Quando, finalmente, a irmã percebeu que algo não ia bem, perguntou-lhe: – Por acaso eu estou lhe impondo alguma coisa? – Anita não queria causar sentimentos de culpa na irmã e negou. Mas ao voltar para casa, Anita admirou-se por estar sempre protelando o encurtamento da saia e do casaco.

Ela se censurava amargamente. Seria preguiça, letargia, esquecimento?

Não. A compra havia sido um fiasco. Quando Anita finalmente chegou a essa conclusão, tudo se esclareceu. Aliviada, ela mandou todas as roupas de volta à loja.

Somente quando pôde dar vazão à raiva que sentia da irmã e da vendedora, ela conseguiu superar seus sentimentos de culpa, porque agora ela tinha de decepcionar a ambas. Pouco antes, Anita havia brincado com a idéia de devolver as roupas. Mas como não queria decepcionar ninguém, ela pensou numa "solução genial": - Se eu pudesse emagrecer cinco quilos em um curtíssimo espaço de tempo, eu teria motivos para devolver as roupas e ninguém ficaria com raiva.

Relatei esse episódio em todos os seus detalhes porque ele demonstra, afinal, como a repressão e a depreciação das próprias necessidades traz consigo a divisão e o desequilíbrio. Dessa maneira, o "ser amável" torna-se um pesadelo.

2

Lealdades Complicadas

Eu não costumo trair pelas costas

Evelyn é arquiteta e trabalha há pouco tempo em um grande escritório. Evelyn recebeu a encomenda do projeto de uma casa destinada a servir de moradia a uma única família, e dali em diante deverá elaborá-lo sozinha. O prazo foi acertado com o cliente. O chefe, que não está familiarizado com esses projetos específicos, explica pormenorizadamente ao proprietário como deverá ser o imóvel. Evelyn percebe que o chefe está dando informações erradas. Ela tem mais conhecimentos, porque se ocupou por mais tempo do assunto. Evelyn teria agora de esclarecer as coisas, mas ela silencia. Ela teme que o chefe possa ficar irritado, porque ela "o está traindo pelas costas".

Míriam trabalha num escritório de contabilidade. O chefe é conhecido por fornecer boas dicas aos seus clientes sobre dedução de impostos. Míriam está trabalhando no caso de um cliente que traz recibos e comprovantes com datas falsas e simuladas. Ela o interpela sobre isso e ele procura o chefe. Este ordena a Míriam que continue a tratar do caso de modo "totalmente normal". Míriam sabe que algo ilegal está acontecendo e que ela tem apenas duas alternativas: ou protesta junto ao chefe e perde o emprego, ou continua trabalhando como se nada tivesse acontecido e perde sua auto-estima. Míriam não diz nada e trabalha, como se tudo estivesse na mais perfeita ordem.

Svenia, de 10 anos, toca flauta muito bem. Toda vez que sua mãe recebe visitas, Svenia é obrigada a fazer uma apresentação. Ela não gosta de ser colocada em evidência. Apesar disso, nunca se nega a tocar, pois percebe o quanto isso é importante para sua mãe.

Com esses exemplos, fica claro como funciona a autonegação. Impulsos, sentimentos, anseios, passam a ser ignorados ou reprimidos. O objetivo da autonegação é colocar o outro e sua imagem em primeiro plano.

O famoso arquiteto que tem seu escritório sob controle é a imagem do chefe que Evelyn confirma ante o proprietário. O conselheiro fiscal cooperador é a imagem que Míriam preza ante o cliente. E Svenia mostra que é a filha talentosa que toda mãe inveja. Um pouco do seu sucesso atinge também a mãe orgulhosa. E este é o objetivo.

A autonegação pode tornar-se obediência cega. Como sabemos, biologicamente o homem não é um ser solitário; ao contrário, vive em grupo, obedecendo às regras do jogo, e uma determinada subordinação em função do bem-estar social é essencial. A capacidade de o homem se subordinar pode chegar à obediência total. Depois do fim do regime nazista, muitos ajudantes-de-ordens se eximiram da culpa, alegando estar "obedecendo a ordens".

Os psicólogos americanos queriam descobrir, depois da guerra, se esse tipo de obediência, salvo melhor juízo, era um traço do caráter dos alemães. O psicólogo Stanley Milgram e sua equipe realizaram uma experiência acerca disso.

As cobaias vinham de todas as camadas sociais. Elas deveriam representar que eram professores e castigar os alunos por seu desempenho insuficiente com choques elétricos (encenados). Os "alunos" eram atores, que representavam de maneira convincente a "dor" provocada pelos "choques elétricos". A potência da energia era drasticamente aumentada no decorrer da pesquisa. Os "professores" percebiam como os alunos urravam de dor, contorciam-se e desmaiavam. Os "professores" perguntavam sempre ao chefe da pesquisa se era realmente necessário continuar com aquilo. O chefe os colocava sob "coação", enfatizando mais uma vez que a pesquisa seria inútil se o "professor" não quisesse continuar. Apesar de forte rejeição e sentimentos de culpa, mais de dois terços dos professores infligiram "choques elétricos mortais" a seus "alunos".

Ao que parece, podemos obrigar quase todo homem, salvo melhor juízo, a cometer atos dos quais ele mais tarde se envergonhará. Mesmo que não seja um caso de vida ou morte e mesmo que nada importante esteja em jogo.

Todas as situações descritas implicam agradar pelo poder: mãe/filha, chefe da pesquisa/cobaia, chefe/empregada.

Esses abusos de poder produzem um relacionamento de dependência. E já que sou dependente de alguém, eu gostaria de agradá-lo ou pelo menos causar uma boa impressão.

Há vinte anos, a psicóloga americana Jean Baker Miller já descrevia no seu livro *Towards a New Psichology of Women* a dinâmica do poder numa sociedade orientada por homens:

"Se um grupo tiver sido definido como subordinado, então os superiores tratarão de defini-lo como deficiente [...] e eles são encorajados a desenvolver qualidades que agradam aos superiores, aos mais poderosos: submissão, passividade, docilidade, falta de iniciativa, incapacidade de decisão, incapacidade de pensar".[2]

Essas qualidades são muito desejáveis nas crianças. Desejáveis demais, principalmente em meninas.

– Antes de formar-me em Biologia eu era secretária – conta Ida, uma jovem bióloga. – Como secretária, nunca tive dificuldade com os homens. Eles eram os chefes, eram galantes; convidavam-me vez ou outra para jantar, abriam as portas para mim e me ajudavam a vestir o casaco. Mas isso mudou radicalmente desde que estou trabalhando como bióloga em pesquisa farmacológica. Agora ninguém mais me ajuda. Ao contrário, eles procuram sobrecarregar-me de trabalhos extras, enquanto eles se encontram à noite nos bares, onde as hierarquias são definidas. Mas eu não posso passar a noite à toa nos bares porque, como mãe solteira, eu prefiro estar com o meu filho. Os homens todos têm a esposa em casa, que os garantem. Como secretária eu era útil, porque trabalhava a favor deles. Mas hoje sou uma concorrente, que é preciso neutralizar. Eu não tenho cacife para esse papel e também não tenho o comportamento guerreiro que, provavelmente, os meninos já aprendem no jardim-de-infância.

Cedo se treina

Meu filho festejava seu nono aniversário. Os convidados eram oito meninos e uma menina. Todos bagunçaram até não poder mais. Depois da batalha obrigatória na divisão do bolo, decidimos ir para a rampa de trenós mais próxima e dar umas voltas. Era janeiro e havia muita neve, o que é mais ou menos raro na nossa região. Tínhamos de aproveitar cada dia para passear de trenó. Enquanto todos se forçavam para dentro dos agasalhos próprios para a neve, a menina veio ao meu encontro, dizendo: – Se os meninos agora vão andar de trenó, eu posso ajudar a senhora a lavar a louça.

Eu não sabia se devia rir ou chorar com essa oferta. Naturalmente, fomos todos para a rampa dos trenós. A louça podia esperar.

Por que nenhum menino veio se oferecer para ajudar a lavar a louça? Porque era chato, e eles preferiam andar de trenó. Tudo isso atinge as meninas. A menina identificou-se comigo e deduziu que lavar a louça era igualmente chato para mim (é verdade!). Então certamente ficou com pena de mim e ofereceu sua ajuda, para que eu terminasse mais depressa a tarefa. Ela estava disposta a se sacrificar para que uma outra pessoa (eu) se sentisse melhor. A menina era prestativa e toda pessoa alheia fica contente com essa atitude. As meninas estão muito mais adiantadas que os meninos em questões sociais, desde a idade do jardim-de-infância e do primário. Elas se identificam, fazem comidinha para suas bonecas, são mais ordeiras e mais obedientes. Socialmente, elas são mais maduras. Na escola elas ficam sentadas quietas e desenham e escrevem bonito. Os meninos têm outros valores. Eles lutam, brigam por aí, competem com outros meninos e extravasam.

O psicólogo americano Daniel Goleman escreve em seu livro *Inteligência Emocional* que pessoas com intensos valores de identificação social, com capacidade de se deixar tocar pelos sentimentos do próximo, deduzindo seus sentimentos por meio de mímica e gesticulação, estão "mais bem adaptadas, são mais populares, mais extrovertidas e sensíveis. As mulheres geralmente são superiores aos homens nessa espécie de empatia".[3]

Tão adiantada, tão boa! Mas o que acontece se eu sou sensível e empática mas não posso decepcionar ninguém?

Então eu sou obrigada a *dissimular.* Tereza Davis, psicóloga da Universidade do Texas, fez 64 meninos e meninas de 6 anos de idade trabalhar em duas tarefas. Para a solução correta não haveria recompensa. Algumas crianças receberam brinquedos adequados à idade delas. As outras receberam brinquedos para os quais já estavam muito crescidos. As meninas sempre faziam um rostinho alegre, não importava o que recebessem. Os meninos demonstravam sua decepção (de acordo com *Cosmopolitan*, caderno 5/96).

Quer dizer que "ser amável" é um problema feminino? É certo que mulheres, para criar os filhos, precisam de determinadas capacidades empáticas. Um bebê e uma criança pequena dependem de que sua mãe se faça compreender sem palavras. E dá certo, quando a mãe consegue se identificar bem com seu filho. Os instintos têm o seu papel. Além do mais, as mulheres têm o cérebro diferente do dos homens: a ponte, quer dizer, o "cabo de ligação" entre o hemisfério esquerdo e direito, é mais grossa do que nos homens. Isso capacita as mulheres não só a pensar de modo exatamente lógico, mas também em rede.

Olhar duas crianças, telefonar e picar legumes com uma só mão – isso as mulheres fazem melhor que os homens. De qualquer modo, é certo que sentimentos e pensamentos estão muito mais próximos nas mulheres do que nos homens. Por isso é que as mulheres sentem mais dificuldade para executar trabalhos para os quais elas não têm "nenhuma referência".

Portanto, não é somente um problema de educação quando é maior o número de mulheres que se tornam educadoras do que construtoras de máquinas? A "referência" do trabalho sobrepõe-se aos sentimentos.

Os homens muitas vezes criticam nas mulheres a "falta de objetividade" e o fato de elas encararem tudo de modo muito "pessoal". Uma piada comprova muito bem essa assertiva. Um casal tem apenas um sofá muito apertado para se sentar. Mas isso não tem importância, pois a mulher simplesmente se senta no colo do marido. Um dia, o homem propõe que eles comprem um sofá mais espaçoso. A mulher responde, em pânico: – Você não me ama mais?

Essa piada não é tão estúpida quanto possa parecer. Se uma mulher colhe informações de gesticulação, mímica, timbre de voz, postura corporal e do momento preciso quando algo é dito, então, na verdade, ela pode reconhecer uma certa tendência no relacionamento que fica por muito mais tempo oculta ao homem ou que ele não quer admitir.

Com "sensatez" e "distanciamento", também podemos cobrir o "essencial". Na ciência da comunicação, distinguimos entre o plano de enunciação (*o que* foi falado) e o plano de relação (*como* foi falado, ou seja, qual o *significado*) de uma informação.

O plano de relação conta mais nos inter-relacionamentos do que o plano da enunciação. Se alguém me diz: – Então eu ligo para você – e, nesse momento, estiver ocupado e nem sequer me olhar, eu faço bem em não dar nenhuma importância às suas palavras. Mulheres conhecem melhor o plano de relacionamentos "sem objetividade". Elas conseguem se introjetar melhor em outras pessoas. Elas podem usar isso em proveito próprio, e muitas fazem isso. As mulheres "amáveis demais" não o fazem. Elas têm empatia demais? Ou será que existe algo mais por trás disso?

Nós precisamos distinguir entre a empatia da mulher pelos outros e a empatia por si própria. Mulheres "amáveis demais" têm pelos *outros* não só demasiada capacidade de identificação, mas também (demasiada) compreensão. Com relação a si mesmas, elas têm identificação e compreensão de menos.

Por que elas são mais leais aos outros do que a si mesmas?

Isso tem sua história.

"Não faça drama!"

Como você se sente quando alguém lhe lança essa frase no rosto? Sente-se levada a sério? Dificilmente. Alguém que usa essa frase gostaria que agíssemos à sua maneira. No momento, nossos sentimentos, desejos e anseios não interessam a ele ou a ela.

Uma criança que ouve freqüentemente esta ou outras frases parecidas, aos poucos não confiará mais em suas próprias percepções. Outra pessoa lhe diz como ela tem de se comportar e, conseqüentemente, como deve se sentir.

Uma pessoa inteligente e sensível aprende muito depressa que determinados sentimentos próprios não despertam a simpatia de seus pais. Ou que esses sentimentos em geral são inadequados. Menino não chora, dizia-se antigamente. Os danos que esse conceito causou nunca foram totalmente avaliados. O menino também não fala sobre seus sentimentos – e o homem, mais tarde, também não. Muitos relacionamentos sofrem pela incapacidade dos homens de expor seus sentimentos.

Os sentimentos precisam ser conciliados pelo ambiente, principalmente pela primeira pessoa de referência, como "em ordem". Só então a criança "pode" perceber dessa maneira.

Uma criança de 3 anos está fazendo compras com a mãe. No caixa há guloseimas ao alcance da sua mão. A criança se serve. A mãe diz não. Toma a barra de chocolate de sua mão e a devolve. A criança pega novamente a barra. A mãe a recoloca de volta. O "não" já se tornou mais alto. Na terceira vez, a criança, irada, começa a chorar. A mãe lhe bate na mão. A criança pega a mão da mãe e a morde. Agora a mãe pega a criança, dá-lhe uma sacudidela e um tapa no traseiro. "Você é uma criança muito má", diz ela. A criança urra como se a estivessem matando.

Por que a criança é "má"? Porque ela deseja a barra de chocolate contra a vontade da mãe? Essa foi a situação inicial. Porque ela é persistente? Essa qualidade lhe será útil na vida. Porque ela mordeu a mãe? Ela se defendeu, e isso também lhe será útil na vida. A mãe poderia ter definido o impulso da criança como correto. Se tivesse dito: "Eu entendo que você queira a barra de chocolate, mas hoje eu não vou comprar chocolate", o teatro teria sido grande, mas a criança teria percebido que o seu *querer* estava certo. Estar certo quer dizer que a mãe pode compreendê-la, que pode se identificar com ela.

Mesmo que a mãe continue irredutível nesse caso, ela pode manifestar compreensão pelo sentimento da criança. Se ela não o fizer, a criança pensará que está sendo castigada pela vontade que sentiu.

– Quando eu era criança, eu nunca fazia nada certo – é o que conta Meta, uma estudante de Física de 22 anos. – Se eu estivesse triste, diziam que eu era chorona. Se eu estivesse animada, diziam: "Muito riso é sinal de pouco siso". Se eu sentisse medo, era ironizada, e se eu tentasse argumentar alto, diziam: "Quem grita, perde a razão". Mas se eu anunciasse baixinho as minhas reflexões, eu era simplesmente ignorada.

– Se eu respondesse ao meu pai, ele me repreendia: "Você quer dizer com isso que estou mentindo?" Se dissesse que não, ele me mandava ficar quieta. Se dissesse que sim, levava uma surra.

Hoje Meta tem grande dificuldade para saber quem e como ela é. Ela "funciona" na vida. É perfeccionista demais e quer deixar todos contentes – com exceção dela mesma. Feliz ela não é – nem pode ser.

Meta: – Ruim, também, era eu ter sempre que me desculpar com meus pais, mesmo que eu não tivesse culpa nenhuma. Ainda posso me lembrar nitidamente de um incidente. Eu tinha por volta de 11 anos. Sem o meu consentimento, minha mãe havia vestido roupas novas numa boneca velha, com a qual eu não brincava há já algum tempo, e dado de presente para a minha prima. Eu o soube por puro acaso. Então fiquei tão furiosa que xinguei a minha mãe de estúpida. Fui mandada imediatamente para o meu quarto e teria que pedir desculpas. No meu quarto, bati tantas vezes com a testa na parede que comecei a sangrar. Eu não podia suportar tanta pressão. Algumas horas mais tarde, efetivamente, eu me desculpei. O que mais eu podia fazer? Mas a minha mãe ainda não estava satisfeita. Eu tive de dobrar as roupas e lavar a louça. Depois disso, ela se dignou a falar comigo novamente. Mas minha mãe também costumava me ignorar por dias, fazendo de conta que eu era transparente. Isso era ainda pior. Então eu preferia pedir logo desculpas.

Meta freqüentemente se imagina "culpada". Se o namorado estiver de mau humor, ela acha que é por culpa dela. Se ela tirar uma nota baixa por causa de um projeto, acha que errou ao escolher sua profissão.

Nas mulheres "amáveis demais" a bússola dos próprios sentimentos está avariada. Isso em geral é muito prático para os outros, pelo menos se observado superficialmente.

Eu não quero dar a impressão de que advogo a falta de consideração como o comportamento ideal. Também neste caso deve-se buscar o meio-termo. Para demonstrar como o "descaramento vence", eu gostaria de acrescentar um pequeno episódio que me aconteceu há algumas semanas.

Parei meu carro numa vaga do estacionamento e fui ao banco. Quando voltei, encontrei outro carro estacionado transversalmente atrás do meu, sem nenhum ocupante e com o motor funcionando. Fiquei com raiva e esperei, por longos cinco minutos. Dali a pouco, apareceu um homem de aproximadamente 60 anos, que se dirigiu tranqüilamente para o veículo parado na transversal. Eu lhe disse, já com bastante raiva, que achava o seu modo de estacionar um descaramento. Então ele me disse, numa boa: "Vê se você não fica estressada, tá bom?" Entrou no seu carro e saiu na maior tranqüilidade.

Se você ficar irritada, o problema é seu. Não estou nem aí. Não faça drama!

3

Sem Limites

"Eu não sou mesquinha, sou?"

O sorvete Magnum sumiu. Karin não consegue acreditar. Ela tira novamente todo o conteúdo da gaveta de congelamento do refrigerador. Nada. Karin tem de se sentar um pouco. Só pode ter sido Anni, sua parceira de moradia. Karin está frustrada. Porque ela havia antegozado o sorvete. Ele pretendia saborear o seu Magnum no sossego. Mas não é só isso. Há algum tempo, Karin tem ficado pensativa sobre os abusos de Anni. Ela usa seu roupão de banho; às vezes até a sua toalha. Se Karin não está em casa e chega alguma correspondência, Anni entra em seu quarto e a coloca sobre a escrivaninha. Isso incomoda Karin, mas ela se sente insegura, imagina se não estaria sendo mesquinha e encrenqueira. Por isso ela não diz nada.

Anni usa freqüentemente o xampu de Karin. Quando o xampu de Anni acabou, Karin consentiu que ela usasse o seu. Naturalmente, ela esperava que Anni logo comprasse outro. Mas isso só aconteceu depois de alguns meses. Karin usa um xampu especial, próprio para cabelos finos e oleosos. Anni usa um produto comum, de supermercado. Naturalmente, ela começou a gostar do xampu de Karin. Quando Karin chamou-lhe a atenção para que, finalmente, comprasse o próprio xampu, Anni ficou ofendida. Ela a xingou de egoísta e encrenqueira. Karin calou-se, sentindo-se culpada. Mas que culpa ela tem, se Anni está desempregada há meses e se ela ganha bem? Anni usa o televisor de Karin, que inclusive já está no quarto de Anni, porque esta tem mais tempo para assistir televisão. Karin também desconfia de que Anni se serve, às escondidas, de seus alimentos básicos.

Ainda assim, Karin não pretende dizer nada, mesmo porque ela quer ajudar a amiga de alguma forma. Apesar disso, no fundo, ela não acha isso certo. Anni pede emprestadas as roupas de Karin. Mas esta não tem coragem de pedir-lhe de volta o casaco de inverno que Anni está usando há algumas semanas, porque sabe que ela não pode comprar um para si. Quando Anni não tem mais *lingerie* limpa, ela simplesmente pede uma calcinha limpa para Karin. Karin tem verdadeira aversão por emprestar calcinhas. Mas fazer o quê? Anni precisa de uma calcinha limpa. Assim, ela se controla e empresta. Mais tarde, depois da devolução, ela às escondidas joga a calcinha fora. Ela não quer que Anni perceba, ou é capaz de pensar que ela tem nojo da amiga. Mas o pior de tudo é que Karin já não consegue conversar normalmente com suas amigas. Anni logo aparece e monopoliza a conversa. Ela também corre assim que o telefone toca, e bate papo com os amigos de Karin, de tal modo que seria de perguntar com quem, afinal, eles desejam falar: Karin ou Anni? Anni tomou conta da minha vida, agonia-se Karin interiormente e, nesse momento, ela toma uma decisão: deve se mudar. Mas a pergunta é: como fazer isso sem que Anni perceba que é por causa dela?

Como você se sente, lendo isso? Tensa? Por acaso essa situação lhe é familiar? Pelo menos de modo geral? O que falta Anni fazer para que Karin, finalmente, imponha limites, defenda seu espaço, diga não? Karin prefere se mudar a estabelecer seus limites em alto e bom som. Por quê? Tem de haver um grande medo por atrás disso tudo.

Karin: – Anni está desempregada, a bem dizer, não tem nenhum amigo e eu simplesmente tenho pena dela. Procuro ser amável com ela.

O que Karin pensa conseguir com sua amabilidade?

Karin: – Que Anni não se sinta tão abandonada e relegada. Ela mesma afirma que ninguém gosta muito dela.

Karin acha que está ajudando Anni com esse comportamento?

Karin: – Pelas minhas atitudes, talvez Anni sinta que seu comportamento é normal e correto.

Pedir calcinhas emprestado é correto? Certamente que não, ainda mais quando em seguida a dona delas, às escondidas, as joga fora. Karin não está ajudando Anni com a sua tolerância. Anni tem de aprender a descobrir a sua parcela de culpa, e Karin poderia ajudá-la explicando-lhe a situação.

Mas o que impede Karin de fazer isso esclarecendo as coisas de uma vez por todas?

– Eu temo que Anni se torne ofensiva, que me chame novamente de encrenqueira, egoísta e mimada; que ela fique ofendida durante dias e não me dirija mais a palavra.

Mas o que tem de tão terrível em ser chamada de egoísta, encrenqueira e mimada?

Karin: – Quando criança, eu não podia ser egoísta. Meu pai tinha quatro irmãos e eles eram muito pobres. Ele sempre tinha que dividir suas coisas, e ele sempre exigiu de mim que eu fizesse o mesmo. Se eu ganhasse um tablete de chocolate, eu tinha que dividi-lo com meu pai e minha mãe. Às vezes, eu comia escondido, com a consciência muito pesada. Eu aprendi que ser "egoísta" e "mimada" era uma coisa muito infame. Algo de que eu deveria me envergonhar.

Anni conhece os pontos fracos de Karin. Ela só tem de lhe dizer que é egoísta, e imediatamente Karin começa a "provar-lhe" o contrário. Assim, Anni dita as regras. O que é ou deixa de ser "egoísta" é determinado por Anni. E as regras são bastante maleáveis.

Dividir é apenas uma questão. A outra é impor limites. Karin tem um bloqueio para dizer a Anni: "Até aqui e não ultrapasse". A regra que está por trás disso soa como: "Você tem de deixar eu fazer tudo".

Karin: – Quando criança, eu tinha um triciclo. Quando íamos ao parque, outras crianças também queriam andar nele, e eu não queria pois temia que elas pudessem quebrar alguma coisa. Mas meus pais me obrigavam a deixar crianças, que eu nem conhecia, andar nele. Então eu ficava com muita raiva e ainda era castigada por isso.

Karin não podia vestir-se como gostava. Aos 12 anos de idade, ela nem sequer tinha o direito de participar da conversa, e não podia trancar seu quarto.

Karin não podia dizer: *Isto é meu e eu não quero que outra pessoa o use.*

Amável além dos limites

Karin não gostaria de ser considerada "mesquinha". Anni sabe disso e o usa em proveito próprio. Karin quer ser considerada generosa. Será que uma pessoa generosa jamais pode impor limites? Em que momento, então, ela deixa de ser generosa? A resposta é relativa. Se eu for avarenta, percebo mais rapidamente a generosidade dos outros do que se eu própria for muito generosa. O problema, porém, está noutro lugar.

Karin gostaria de ser querida, considerada e apreciada, talvez até admirada. Até aí, tudo bem. O que não está certo é o que ela faz para que isso aconteça. Quando criança, era considerada "má" se mostrasse limites e se obstinasse neles. Assim, Karin aprendeu: os limites são maus. Somos castigados por eles. Portanto, se queremos ser benquistos, não podemos impor limites.

Analisemos mais de perto esses limites.

Os primeiros limites que percebemos como pessoa são os limites do próprio corpo, a nossa silhueta. Nela temos duas aberturas, nas quais aparecem as primeiras diferenças de limite: a boca e o ânus.

E justamente aqui temos os primeiros problemas com nossos pais: problemas de alimentação e de limpeza. Algo deve "entrar" por cima e algo deve "sair" por baixo. Tanto por um lado como pelo outro, ultrapassamos os limites do corpo. Isso não deveria tornar-se um problema, pois toda criança sadia come quando tem fome e pára quando está saciada. E toda criança sadia, mais cedo ou mais tarde, deixa de usar fraldas, por volta dos 3 ou 4 anos. Ela ainda está seguindo seu ritmo natural e saudável. Em seguida, vêm os pais com suas normas, padrões e concepções, sobre o quê e quanto uma criança pode comer. E quando ela deve ir ao trono. E então começam os problemas de limite.

Karin: – Eu sempre tinha de comer tudo o que estava no prato. Minha mãe me servia uma porção gigantesca e se eu não conseguisse comer tudo, tinha que ficar, em geral, por horas sentada à mesa. Em algum momento eu acabava de comer, e então podia brincar. Mas às vezes, quando a comida tinha um sabor realmente nojento, eu ficava com ela na boca e não a engolia. Eu armazenava tudo nas bochechas como um *hamster*. Às vezes, eu tinha de dormir depois do almoço, e dormia com as bochechas cheias. Quando acordava, cuspia toda aquela coisa nojenta no vaso.

Antigamente (e ainda hoje), a comida do prato tinha que ser totalmente consumida. Era para que fizesse tempo bom, dizia-se para a criança. Ou prometia-se uma sobremesa deliciosa. Naturalmente, surgem os problemas alimentares, porque a criança perde seu ritmo natural de fome saciada. A criança perde principalmente o direito de estabelecer seus limites. Ela percebe que o seu sentido de saciedade não é respeitado e, ao mesmo tempo, que alguém *de fora* lhe diz quando tem de estar saciada. Os próprios limites e sentimentos a eles relacionados serão relegados ao segundo plano e a criança não poderá mais confiar neles. As normas exteriores se tornarão cada vez mais importantes e estabelecer-se-ão, cada vez mais, como primeiro plano.

Mas isso não é tudo. O recém-nascido espera receber mais do que uma provisão de calorias quando pede alimento. Ele deseja o peito, isto é: proximidade corporal, calor, segurança, alegria. Naturalmente, ele quer também leite doce. Ele gostaria de ter algo para si. Entretanto, só quando *ele próprio* o quiser, e não a mãe. Antigamente e muitas vezes ainda hoje, alimentava-se a criança no ritmo de quatro horas. Este é o padrão imposto ao comportamento da alimentação, o mais cedo possível. Com isso, a criança aprende: os outros mandam quando eu devo receber algo. E, quando finalmente a comida ou o corpo quente da mãe estão ao seu alcance, a criança pensa: É agora ou nunca. E ela se serve.

O psicanalista berlinense Schultz-Hencke, já em 1940, escrevia no seu livro *Der gehemmte Mensch* [O homem inibido], que a relação com o primeiro impulso de ter o peito reflete-se mais tarde em outras áreas da vida.

A criança deseja impulsivamente se expandir, se desenvolver. Também aqui está inserido o impulso de querer, a ambição de captar.

"[...] Se uma criança for submetida na mais tenra idade a uma atmosfera de severidade, isto é, talvez apenas falta de amor ou falta de sua confirmação, seu ímpeto de desdobramento é enfraquecido, sua ambição, paralisada [...] Então a criança desenvolve temor em lugar de confiança [...] a criança inibida captativa (que se serve), por um lado, não consegue "servir-se" como corresponderia à sua natureza, pois, por outro lado, está "sob pressão". Sua inibição captativa pode manifestar-se imediatamente como inibição alimentar; contudo, também pode permanecer oculta e somente após minuciosa observação ser identificada como falta de ambição, impulso de querer possuir, desejar vivamente."[4]

Todos esses sinais são apresentados pela mulher "amável demais": inibição de tomar algo, freqüentes distúrbios do apetite, falta de egoísmo, pressão interior, falta de "expansão".

Por meio de experiências anteriores com alimentação, o *impulso de possuir* e *de tomar* foram inibidos na mulher "amável demais".

A educação para a limpeza alicerça-se nessa base. O próximo limite do corpo vai ser violentado. A criança deve ir ao troninho. Por sorte, e graças às fraldas descartáveis, são poucas as mães, hoje, que treinam as crianças de um ano.

Antigamente, as mães ficavam orgulhosas quando o filho de dez meses deixava as fraldas. Ela não imaginava o que, com isso, havia destruído na criança. Algum tempo atrás, era difícil criar vários bebês ao mesmo tempo, sem máquina de lavar ou secadora. Podemos compreender que as mães desejassem que seus filhos deixassem logo as fraldas. Mas, então, os danos já haviam sido causados. Uma criança devia, ao comando, dar algo de que não dispunha. Primeiro, porque não tem controle tão cedo sobre seu esfíncter, e, por outro lado, porque a digestão acontece independentemente da nossa vontade. Essas mães pretendiam "educar" o intestino da criança, para que ela, todos os dias, à mesma hora, eliminasse algo. Para tanto, a criança tinha que ficar "sentada" no trono todos os dias, à mesma hora. Algumas crianças ficavam horas nessa tortura. Para evacuar é preciso que a criança esteja relaxada. E isso faz sentido. Por que, então, toda essa pressão?

Novamente a criança aprende: *eu não devo admitir os meus limites. Eu tenho que dar algo contra a minha vontade.*

Schultz-Hencke escreve que uma educação para a limpeza realizada muito cedo ou com muita severidade pode facilmente levar "a uma submissão anormal em dar, portanto, à inibição do impulso de possuir".[5] Certo. O fenômeno do "ser amável demais" tem exatamente essas duas facetas: a submissão e a inibição do impulso de reter, ou, mais moderadamente uma superdimensionada capacidade de adaptação, de um lado, e, do outro, a falta de "egoísmo".

Podemos ver o "ser amável" como uma *extrapolação* do *comportamento* em relação à adaptação e como uma *deficiência de comportamento* no que concerne a impor limites, agressividade e independência (egoísmo).

"Esteja disponível para mim"

– Quando chego do escritório, à noite, primeiro eu como algo; depois disso, eu ainda poderia fazer alguma coisa para mim, mas por alguma razão, eu não consigo. Fico fazendo pequenas tarefas domésticas e sinto-me insatisfeita. Na verdade, eu gostaria de ir à academia ou encontrar-me com uma amiga. Até pouco tempo atrás eu achava que estava tão cansada à noite que não tinha mais ânimo para grandes atividades. Agora eu sei que não é esse o motivo. O verdadeiro motivo é que eu fico *esperando.* Quando meu marido viaja a negócios, eu me torno subitamente ativa. Logo combino encontros à noite com colegas e amigos. Ou então vou ao cinema, à ginástica, ao teatro ou a um barzinho. Mas se meu marido vem para casa à noite, eu fico à disposição dele. Também quando ele está dormindo eu consigo trabalhar bem. Mas assim que ele acorda, não consigo fazer mais nada. Eu penso que tenho que me dedicar a ele – diz Ângela, uma competente e jovial secretária de 35 anos. Ela gostaria muito de pintar à noite, dispõe de todo o material, mas a cada dia ela tem uma nova desculpa. Às vezes, "não compensa" começar, porque ela *só* tem duas horas. Ou tem um programa na televisão que ela quer ver de qualquer jeito. Outro dia é o marido que chega mais cedo e, então, ela não consegue pintar mesmo.

Ela tem de ficar à disposição do marido. Mas será que ele aprecia isso? Ângela diz que às vezes é agradável, mas que em geral é muito chato. Porque, dessa maneira, o marido também se sente obrigado a estar disponível para ela. Isso significa que eles *têm* que passar o tempo numa atividade comum. Seu marido bem que gostaria de passar mais tempo diante do computador – sozinho. Ou pescar – sozinho. Ou freqüentar o bar com amigos – sem Ângela. Mas Ângela reage com grandes acusações a esses desejos. Se as acusações não tiverem efeito, ela cai numa espécie de depressão. Se o marido consegue seu intento solitário, Ângela fica tomada de angústia. Ela não consegue tomar nenhuma iniciativa, fica inquieta e olha para o relógio a cada dez minutos. Ela se envergonha de agir assim. – Como uma criança pequena, cuja mãe foi embora – observa Ângela.

Pergunto a Ângela se sua mãe se ausentava com muita freqüência quando ela era criança. – Sim – diz ela –, minha mãe sempre ia trabalhar e eu ficava com minha avó, que morava conosco. Mas eu não consigo me lembrar se eu sentia falta dela. Mesmo quando estava em casa, minha mãe não tinha muito tempo para mim. Ela fazia o serviço doméstico e eu brincava com meu irmão. Esse sentimento de praticamente não poder existir sem a outra pessoa eu só tenho em relação ao meu marido.

É evidente que para Ângela o relacionamento com seu marido tem uma qualidade emocional tão boa que ela prefere sentir de novo seus mais profundos anseios por segurança, sustentação, regressão e voltar a ser criança. Na presença de sua verdadeira mãe ela teve de enterrar profundamente esses anseios. – Tornei-me independente cedo. Com 5 anos eu ia sozinha à padaria; com 7, cuidava do meu irmão menor e já ajudava bastante em casa. Minha mãe ficava muito contente com isso. Mas eu também brinquei muito, com os filhos dos vizinhos e amigos de escola. Eu tinha uma amiga especial. Éramos muito apegadas e eu só queria brincar com ela. Um dia ela se mudou e, infelizmente, nunca mais a vi. Isso me dói ainda hoje.

Então Ângela já havia se ligado emocionalmente a outra pessoa fora da família. E ela teve a experiência de essa pessoa desaparecer subitamente. Essa dor continua profundamente enraizada e Ângela quer evitar a todo custo senti-la de novo. Por este motivo, ela procura fazer sombra a seu marido: "Se eu estiver disponível para você, você também tem que estar disponível para mim". Desse modo, Ângela procura dominar seu receio de abandono.

Mas a disponibilidade ainda tem outras faces, ou talvez fosse melhor dizer "máscaras", pois não são facilmente reconhecidas como disponibilidade.

Uma estudante de Germanística reclama de perturbações no trabalho. De fato, ela tem de ler muito para fazer esse curso. Ela gostaria muito de fazê-lo, mas não consegue se concentrar. Assim que pega num livro, ela se torna inquieta, acuada, e deixa os livros para fazer alguma faxina urgente ou ligar para uma amiga. Por muito tempo, ela imaginou que suas atitudes eram justificadas. Contudo, quando quebrou uma perna e teve de ficar de cama, engessada, ela não podia mais executar essas manobras de desvio. Ela queria ler muito. Contudo, concentrava-se mal, seus pensamentos se desviavam o tempo todo. Ela ficou imaginando o que deveria fazer. Depois de algum tempo, conscientizou-se que essas "tarefas urgentes" tinham uma finalidade: impedi-la de ler. Em vista disso, deixou que os sentimentos que se sobrepunham ao ler se manifestassem e começou a rastreá-los. Apresentaram-se palpitações, angústia, a vontade de sair correndo e pânico.

Ela não encontra uma explicação.

Quando, semanas mais tarde, a estudante fez uma visita aos pais, foi como se escamas houvessem caído de seus olhos e, subitamente, ela se tornou consciente da causa de suas "perturbações no trabalho". Eis o seu relato: – Era como antigamente, quando eu ainda morava com os meus pais. Eu havia decidido levar alguns livros da minha estante, no quarto, para o local de estudo. Quando eu estava no meu quarto, revirando a estante à procura dos livros, minha mãe entrou sem bater, pedindo-me que eu pusesse a mesa para o jantar. Fiquei com muita raiva. Foi sempre assim. Nem bem eu me retirava para o meu quarto e pegava um livro que não fosse didático para ler, e lá estava minha mãe, perguntando-me se eu não tinha nada melhor para fazer. A leitura era deplorada. Quem lia era considerado preguiçoso e inútil pela família. Contudo, eu sempre gostei de ler. Para minha mãe, isso era uma provocação para dar-me um trabalho "decente". Como eu costumava ficar totalmente absorvida pela leitura, em geral não ouvia minha mãe chegar. Então ela me surpreendia e eu estava perdida. Mas se eu a ouvisse chegar, eu punha em cima um livro didático para disfarçar, e ela pensava que eu estava ocupada com tarefas da escola. Então ela me deixava em paz.

A estudante de Germanística teve de *dar autorização a si mesma* para poder ler, depois de ter feito essa constatação.

Metade da vida é a ordem

Uma outra estudante, Cláudia, também tem de dar ordem a si mesma para fazer "bagunça". Cláudia mora numa república. No início do curso, ela teve de fazer uma pesquisa, mas não conseguia ir adiante de jeito nenhum. Cláudia diagnosticou: perturbações no trabalho. Porém, quando o assunto foi mais bem observado, evidenciou-se o seguinte: Cláudia não podia se expandir em seu próprio quarto. Ela mantinha tudo meticulosamente arrumado. Ao trabalhar, ficava sentada diante de sua minúscula escrivaninha. Na verdade, ela queria espalhar suas folhas manuscritas, mas não tinha espaço. Quando lhe perguntei se ela não podia espalhar as folhas em cima da cama ou no chão, ela me fitou, atônita. – Em cima da cama ou no chão? – perguntou admirada. – Que bagunça!

Depois disso, ficamos refletindo o que seria "ordem". Eu lhe falei do meu filho. Quando ele tinha 3 anos, nós passamos o dia arrumando seu quarto. Quando, finalmente, estava tudo na estante, ele me perguntou: – E agora, com o que vou brincar? Se eu for brincar com o Lego, vou ter que esvaziar a caixa tudo de novo. – Uma coisa ficou clara. Quando se aplaina, as aparas caem. Se eu estiver fazendo uma pesquisa, sou obrigada a espalhar meus livros e papéis; de outro modo, não consigo supervisionar o que estou fazendo.

A mãe de Cláudia era uma mulher muito ordeira. Todos os dias ela arrumava o quarto da filha. Cláudia participava da arrumação, quando muito, como ajudante. As bonecas eram colocadas na estante de acordo com o esquema estabelecido pela mãe. Ai dela se as arrumasse a seu gosto, depois que a mãe as arrumara do "modo correto". Cláudia também não podia deixar nenhum trabalho sem guardar. À noite, tudo tinha de estar novamente no lugar. Ela também sabia que não podia tornar o seu quarto "aconchegante", o que para Cláudia significava sentar-se ou deitar-se na cama ou colocar as pernas em cima do sofá. Isso era "proibido". Colocar as pernas no sofá queria dizer comportar-se de modo grosseiro e mal-educado.

Cláudia não queria (e não quer) ser mal-educada, desleixada, malcriada ou desordeira; portanto, na concepção de sua mãe, ela é boazinha. Ela inclusive se adapta ao espaço físico, o que, hoje, não faz mais sentido. Mas, apesar disso, o princípio do "eu me adapto" sempre a pega. – Eu tenho uma luminária de suspensão no meu quarto – comenta Cláudia. – Cada vez que a limpo, eu subo numa cadeira e fico numa posição difícil e incômoda. Somente quando estou quase terminando é que me lembro de que poderia puxá-la para baixo. Fico com raiva da minha própria complicação. Mas é quase certo que da próxima vez isso vai acontecer de novo.

Schultz-Hencke: "Quando uma mãe é de tal modo fanática por limpeza (portanto, em interesse próprio), a ponto de invejar a adaptação calma e expansiva do filho, ela de fato paralisará nele a ambição de possuir (retenção) [...] Uma pessoa assim tornar-se-á mais tarde alguém que não conseguirá dizer não. E novamente estaremos diante da mulher 'amável demais' ".[6]

Uma mulher anônima, que preencheu meu formulário de perguntas, levantou esta questão. Respondendo à pergunta: "Houve uma pessoa durante sua infância para a qual você tinha que estar disponível?", ela escreveu:

– Como a minha mãe se sacrificou por nós, seus filhos (que somos a sua vida), eu tive de estar permanentemente junto dela e corresponder aos seus anseios. Inclusive, eu tinha que me sacrificar, por assim dizer, *voluntariamente* por ela. Minha mãe sabia como se fazer de eterna vítima.

Sem proteção e sem espaço

George Bernard Shaw teria dito em certa ocasião: "Os pais são um grupo importante que, infelizmente, não são obrigados, no interesse da criança, a fazer prova de capacitação".

Em tal prova, os pais das mulheres "amáveis demais" muitas vezes teriam sido reprovados. Pelo menos em alguns tópicos de desempenho. Pais que abusam de seus filhos certamente não teriam sido aprovados. Mas o que é abusar? Quase sempre pensamos logo em abuso físico.

– Meu pai batia na gente até ficarmos cheios de hematomas; assim, ele extravasava sua agressividade em nós. Ele nos espancava por qualquer coisa. Especialmente injustas eram as pancadas na hora do dever de casa. Se, por acaso, não soubéssemos alguma questão, tínhamos de estender as mãos e ele então nos batia com uma régua comprida. Se tirássemos as mãos, as pancadas eram redobradas. Tínhamos tanto medo que acabávamos cometendo muitos erros. E ele parecia se regozijar com tudo isso.

– Meu irmão é disléxico e foi especialmente prejudicado. Para meu pai ele era apenas bobo. Eu também achava injustos os constantes castigos físicos que meu pai me infligia. Como eu era a mais velha, arcava com toda a responsabilidade. Assim, eu sempre tomava parte no castigo.

– A frieza e a severidade de minha mãe eram simplesmente insuportáveis. Ela era terrivelmente rancorosa e às vezes passava semanas sem falar conosco ou falava o estritamente necessário – escreve uma mulher amável demais de 24 anos de idade. Muitas mulheres têm experiências de violência em sua história.

Infelizmente, abusos físicos não são manifestações isoladas. Entre um tapinha afetuoso e o ritual de um castigo sistemático, há, naturalmente, uma grande diferença. Mas ambos são humilhantes. O pediatra Ben Rensen, que se engajou ativamente nos

Países Baixos em prol das crianças que sofrem abusos, define como maus-tratos, além do abuso propriamente físico, o emocional, o material e também a negligência intelectual. Ele nos fornece os seguintes dados, que devem ter validade análoga na Alemanha, na Suíça e na Áustria: 2% a 4% das crianças são maltratadas. O mais freqüente é a negligência (50% a 60%), seguido por maus-tratos (10% a 15%). E existe toda espécie possível de combinações, com alto índice de números obscuros.[7]

Contudo, a pior maneira de ultrapassar os limites é o continuado abuso sexual, seguido de perto por maus-tratos físicos. Se uma pessoa tem a experiência de que seu "não" de modo algum é respeitado por aquelas mesmas pessoas que, essencialmente, deveriam protegê-la - portanto, os pais -, seguem-se então inúmeras conseqüências.

Mais da metade das mulheres "amáveis demais" consultadas por mim sofreram abuso sexual. E elas sofrem até hoje de uma depressão paralisante, crises de inquietação, medos e receios que toda espécie de coisas ruins possam acontecer, profunda solidão, o sentimento de estarem sujas, o sentimento de não merecerem nada de bom, tensões físicas como bruxismo, tensão temporal-mandibular e tensão nos ombros. Elas se sabotam e ferem a si mesmas, no afã de se castigar.

Elas não deixam ninguém chegar perto demais, para que não descubram sua terrível verdade. Elas apenas sorriem e dizem que estão bem. Quando o parceiro se comporta de modo diferente daquele que elas esperam, elas simplesmente fogem da relação. Elas sofrem o medo de separação, mas, ao mesmo tempo, não conseguem acreditar que o parceiro as ame. Demonstrações diárias de amor não bastam. Toda vez que elas reivindicam, desejam ou exigem algo para si, são tomadas de sentimentos de culpa. Elas têm de ganhar até o próprio sustento. Elas não têm o direito de descansar; têm de estar sempre ativas.

Muitas têm problemas alimentares, bebem em excesso, tomam drogas, fumam maconha ou tomam tranqüilizantes.

Elas têm medo da proximidade, de sexo, de amor e de carinho. E, mesmo assim, anseiam por tudo isso.

A proximidade e o carinho que receberam estavam envenenados. Elas foram seviciadas, manipuladas e ao mesmo tempo "amadas". Agora tudo se misturou. Há amor sem manipulação? Será que eu mereço um amor assim? O que eu tenho de fazer para ter amor?

Os sintomas acima descritos podem se manifestar também nas mulheres que foram maltratadas "apenas" emocionalmente. Mas geralmente não surgem de modo tão forte e tão persistente.

Também os maus-tratos psíquicos são algo doentio e ferem. Uma das minhas pacientes recorda-se de um período de férias com os pais. Quando não se comportou conforme o modelo preestabelecido à mesa, o pai apanhou o prato dela e a obrigou a comer nos degraus de entrada da casa. Esse tipo de humilhação atinge as crianças de modo diferente. Essa humilhação ainda hoje está bem vívida na recordação dessa mulher.

A terapeuta familiar Brigitte Lämler atribui à família funções primárias na educação dos filhos. Os pais devem proteger a criança e mostrar-lhe como se vive. Eles devem proteger a criança contra influências negativas externas e contra abusos de terceiros.

A mãe de Nicole fazia exatamente o contrário: – Se eu estivesse brigando com os filhos da vizinha e esta fosse reclamar com a minha mãe, eu imediatamente levava uma bofetada, antes mesmo de ela me perguntar o que havia acontecido. Eu acho que ela me batia para acalmar a vizinha. Pelo menos, ela lhe demonstrava solidariedade. Comigo ela nunca demonstrou esse sentimento. Ao chegar da escola, eu nunca sabia como estaria seu humor. Podia ser que eu recebesse um bofetão, ou fosse abraçada. Os motivos para tal procedimento eu nunca soube interpretar.

As crianças que mais tarde devem respeitar e levar outras pessoas a sério, primeiro têm de aprender esse "ser levado a sério" em si mesmas.

Nicole é desconfiada com relação aos outros. Como ela poderia ter aprendido a confiar, se a confiança pressupõe algo em que confiar? Com aquela mãe temperamental, dada a agressividades, que não cumpria suas promessas, não ficava do seu lado na hora dos conflitos (quem há de ser solidária com a criança, senão a própria mãe?), que ficava irritada com a simples presença de Nicole, ela não pode ter aprendido que o mundo é um lugar onde somos bem-vindos, onde as pessoas são amistosas. A princípio, pelo menos. Confiar, então, é apenas burrice. Brigitte Lämle chama as crianças sem espaço e sem proteção de "crianças desamparadas". – Não há na família um cantinho sossegado onde organizar seus pensamentos e seus sentimentos. Ao contrário, sentem-se continuamente observadas e estão sempre em sobressalto para justificar de imediato as imposições do ambiente.[8]

Mulheres amáveis demais foram crianças desprotegidas. Elas têm de estar disponíveis, de ser leais e, na medida do possível, não fazer reivindicações. Mulheres amáveis demais geralmente têm a impressão de que não têm direito a proteção e a espaço. Mas em alguns momentos elas tiveram, no seio da família, "oportunidades" de *ganhar* para si um pouco de proteção e bem-estar. Elas só tiveram de ser emocionalmente acessíveis.

"Você é a minha melhor amiga"

Margitta está no final da gravidez. Ela e a mãe estão sentadas na sala, tomando chá. Margitta tricota um casaquinho de bebê. – Você não acha que a lã pode arranhar? Quando bebê, você também não usou lã – diz a mãe. – Mãe, eu já lhe disse pelo menos cinco vezes que o bebê não vai usar o casaquinho diretamente sobre a pele. Ele sempre vai ter uma camisinha de algodão por baixo. – Margitta já mostra claros sinais de irritação. A mãe mastiga um biscoito e observa a filha ininterruptamente. Margitta está nervosa. A mãe tenta puxar conversa: – Não sei como você consegue ficar sentada assim, com esse barrigão. Você está comprimindo o sangue nas pernas, sabia? – Quando eu não puder mais me sentar desse jeito, eu vou me acomodar de outro jeito – é a resposta obstinada de Margitta.

Margitta procura levantar-se com esforço para pegar outra xícara de chá na cozinha. – Fique sentada. Deixe que eu vou buscar o chá para você – diz a mãe, solícita, e vai até a cozinha. Margitta está se sentindo mal. Desde que a mãe chegou, ela tem um sentimento opressivo no peito. Não consegue mais respirar direito. Ela sabe que de alguma maneira isso tem que ver com a mãe, e sente-se culpada por causa disso. A mãe só quer o seu bem e gostaria de fazer algo por ela. Margitta também gostaria de ser gentil com a mãe, mas isso é impossível, pois a cada nova frase da mãe, ela sente que vai explodir. – Assim que o bebê nascer, você tem que tratar de recuperar seu antigo peso o mais rápido possível, Margitta. Você engordou muito. E se a gente não se cuidar, com essa história de ter filho, num instante acumula alguns quilos na cintura. E esses a gente nunca mais consegue tirar ... – Agora chega desse assunto! – diz Margitta, sem conseguir se controlar. – O meu corpo é problema *meu*, meu filho é *meu* filho, meu jantar é *meu* jantar, e como me visto ou me sento no sofá é problema *meu*, você entendeu?

A mãe estremecia a cada *meu* como se fossem chicotadas, e então se pôs a chorar. – Eu sempre quis o seu bem – soluçava ela –, você é o meu único arrimo. Com quem, então, eu posso falar sobre as coisas? – A mãe chora sentida, e Margitta sente-se confusa. Como é que ela pôde ser tão cruel com a própria mãe? A pobre mulher não tem mais ninguém a não ser ela. Margitta se desculpa com a mãe. Para quê, afinal de contas? Ela teve um descontrole nervoso. Deve ter sido por causa da gravidez em estado adiantado. A mãe adora acreditar nela. Ambas se esforçam por entabular uma conversação trivial. Quando, à noite, Margitta está deitada, a cena toda perpassa sua mente. Os sentimentos de culpa evolaram-se, mas o rancor ainda está ali... e a impressão de estar presa numa armadilha. Margitta pensa no passado. Naquela época, ela detinha a função de amiga da mamãe e tinha de ouvir todas as suas preocupações e necessidades. A mãe contava-lhe até mesmo os problemas sexuais com seu pai. Como ela sentia-se enojada com tudo isso quando era criança! Mas ela sempre ouvia sorrindo, pois a mãe não tinha mais ninguém que a ouvisse. A avó, que morava na mesma casa, tomava o partido do filho e cuidava para que ele tivesse tudo de que precisasse. Amigas ela não tinha, parentes também não, e a irmã de Margitta estava sempre fora. Assim, restava a menina como boa amiga. Aos domingos, Margitta não ia à discoteca. Ela também tinha poucas amigas. Gostava de ficar em casa com a mãe e ambas iam passear. O pai ficava sentado em frente à televisão e assistia a programas de esportes.

Margitta e a mãe eram cúmplices. Margitta nunca era atrevida com a mãe. Nunca se mostrava voluntariosa ou obstinada. Elas sempre estavam de acordo. Margitta tinha um papel muito importante na família: era o modelo do pai, pois era inteligente e linda e tocava na orquestra da escola; e era a melhor e única amiga da mãe. Margitta só começou a pensar pela própria cabeça depois de se casar e mudar para uma outra cidade. Agora, ela percebia que a mãe ainda queria mantê-la no papel de criança. Margitta queria livrar-se desse papel, mas, ao mesmo tempo, não queria magoar a mãe.

Muitas mulheres amáveis demais se encontram nesse beco sem saída. Elas gostariam de tornar-se independentes e, ao mesmo tempo, continuar boazinhas e disponíveis.

Como crianças "desamparadas" elas aceitaram o papel que seus pais lhes indicaram na família. Não tinham escolha. Ninguém as protegeu de seus pais, que lhes tomaram algo valioso: a própria vida.

4

Desamparo e Impotência

"Não há mais nada a fazer"

Sábado, véspera de Natal. Todos correm de loja em loja e se cobrem de delícias e presentes. No meio da multidão está Anke. Ao tirar os olhos das maçãs vermelhas, ela descobre sua amiga Monika na seção de verduras. Contente, dirige o carrinho de compras em sua direção. – Olá, Moni – chama alegre. – Você também está no *stress* de Natal?

Monika parece irritada. – Ah, olá, Anke, que bom ver você. Olhe, eu estou com muita pressa. Ainda tenho que resolver uma porção de coisas. Então, feliz Natal para você. Eu lhe dou um alô quando passar essa loucura. – Monika pega a filha pela mão e quer prosseguir.

– Ei, espere um instante – chama Anke. – Não podemos nos encontrar nos feriados? Para tomar um café, só nós duas?

– Que idéia, Anke, onde você está com a cabeça? Você sabe como é o Natal lá em casa. Na véspera de Natal vêm os meus sogros e meu irmão com os três filhos. Aí o pandemônio está formado. E eu sou a anfitriã. Você sabe como a minha sogra é exigente em relação à comida. Não posso lhe servir salsichas e salada de batatas. Ela espera um assado ou uma carpa com muitas guarnições, três saladas e uma sobremesa com todos os requintes. Se eu servir menos do que isso, ela fica pensando que eu não cuido direito do filho dela – continua Monika, irritada.

– Tudo bem, Monika, mas será que você não pode escapar pelo menos por duas horas? Você não é a escrava da casa – replica Anke frustrada.

– Até parece que você não conhece a minha família. No dia de Natal temos que visitar meus pais e no dia seguinte vem a minha irmã, o meu cunhado e as crianças. E sempre existe a expectativa de grandes comilanças. Não tem jeito – completa Monika conformada, dando de ombros.

Anke desiste de arrancar a amiga de sua idéia fixa. Irritada, Monika prossegue, com a filha, Aline, trotando a seu lado. Anke tem cada idéia! Só mesmo mulheres solteiras é que poderiam inventar uma coisa dessas. Tomar café com a amiga! Em pleno Natal! Seu marido teria um ataque. Não, isso ela não poderia ousar. Não seria atitude de uma boa esposa, mãe, anfitriã e cozinheira. Ela estaria sendo interesseira e egoísta. E estragaria a festa da metade da parentada.

Mas uma pequenina voz interior a incita a refletir. Seria mesmo necessário que ela fizesse uma despesa daquelas? Por quantos natais mais isso se repetiria, gastando semanas para elaborar menus complicados e instruções de faxina? Isso jamais teria fim. E a culpa era dela, só dela... pelo seu perfeccionismo. Subitamente Monika sente-se não só irritada, mas impotente e desamparada.

Você se identifica, pelo menos em parte, com Monika? Não se sente, às vezes, indefesa diante de "circunstâncias coercitivas"?, Você é freqüentemente pessimista? Pensa que *nunca* vai arranjar um trabalho melhor, uma casa melhor ou um marido melhor? Que sua vida seria totalmente diferente se você fosse apenas mais rica, mais magra, mais bonita ou mais jovem?

Muitas mulheres amáveis demais pensam assim. O pessimismo faz-nos sentir desanimadas. O desânimo nos torna desamparadas. O desamparo nos torna sem esperanças. A desesperança torna-nos depressivas. E mulheres depressivas são sempre mulheres boazinhas. Elas não têm mais a "mordida". Sua agressividade justificada voltou-se contra elas mesmas.

Cora conhece isso de cor e salteado. No verão passado, ela descobriu em uma loja de tecidos o tecido floral dos seus sonhos. Ela apanhou a peça e calculava quanto precisaria para fazer um vestido de verão. Nesse momento, ela ouviu a vendedora chegar com outra cliente. A cliente aponta para a peça de tecido e diz: – Por favor, eu gostaria de levar três metros desse tecido. – Com um gentil "desculpe", a vendedora toma o tecido das mãos da perplexa Cora e dirige-se à mesa de corte. Cora fica paralisada. As palavras lhe faltam. Alguns minutos mais tarde, ela deixa a loja, vai até o café mais próximo e devora uma taça de sorvete. O tecido restante não teria sido suficiente para Cora.

No seu íntimo ela fica com raiva de si mesma. Por que ela não se defendeu? Afinal de contas, ela havia descoberto o tecido primeiro. Teria sido seu por direito. Mas ela também ficou com raiva da taça de sorvete com a qual "tapou a boca". Assim, ela se castigou triplamente: com a desistência da compra do tecido, com a desistência de sua raiva e com as calorias a mais.

Chamamos esse tipo de comportamento de "desamparo aprendido". Uma pessoa que é "desamparada" acha que tudo o que lhe acontece na vida é *estável* ("isso sempre será assim"), *global* ("isso permeará todas as áreas da minha vida") e *interior* ("isso é minha incompetência"). A pessoa desamparada, quando recebe uma negativa ao pleitear algo, diz: – Não me admira que eu não tenha sido escolhida. Eu simplesmente não tenho as qualificações necessárias. Nunca vou encontrar um bom emprego. Eu sou mesmo incapaz.

Monika, que acabamos de conhecer no *stress* de Natal, ainda fomentou mais uma situação, na qual se porta de modo desamparado. – No andar de baixo de nossa casa mora um vizinho ruim. Sempre quando nossos filhos bagunçam, ele vem reclamar gritando. Eu geralmente me sinto culpada e lhe dou razão. A cada cinco minutos intimo meus filhos a fazer um pouco menos de barulho. Meu marido procede de maneira completamente diferente. Ele esclarece ao vizinho com toda a calma que não há do que reclamar. Ainda não são 22 horas. Além disso, é preciso tolerar o barulho das crianças. Conclusão: o vizinho não reclama mais quando meu marido está em casa. Ele só vem reclamar quando estou sozinha com as crianças. Com isso eu vivo alarmada ao menor ruído dos meus filhos.

A regra básica de todas as mulheres desamparadas e amáveis demais é: Você *não pode* se defender. Você tem de deixar *que os outros sempre tenham a precedência.* Porque você é burra demais, gorda demais, feia demais, e você *jamais conseguirá* acertar a sua vida.

Desamparo aprendido

1968. Estamos no Instituto Psicológico da Universidade da Pensilvânia nos EUA. A equipe de pesquisadores do comportamento do psicólogo Martin Seligman realiza uma série de experiências de "desamparo" em cães. Um terço dos cães aprende o desamparo. Eles são fortemente amarrados e recebem choques elétricos, que são dolorosos e não podem ser evitados. Um segundo terço dos cães recebe um sinal de alerta antes do choque elétrico e pode acionar uma alavanca com o focinho, que lhes possibilita escapar do choque. Um terceiro grupo de cães não recebe choques e assim não está "pré-condicionado". No dia seguinte, os cães são reunidos numa gaiola, cujo fundo gradeado pode ser eletrificado. Todos os cães podem se esquivar dos choques elétricos ao pular sobre uma barreira para uma outra gaiola; ou seja, quando eles agem de modo *ativo*.

Deixemos de lado por um instante as reflexões éticas que possamos opor a esses experimentos, pois os seus resultados podem mostrar-se muito interessantes.

Os cães que foram tornados desamparados reagem com passividade, ganindo e permitindo que lhes apliquem choques. Eles podem ver que os outros cães pulam a barreira, mas eles próprios não "acreditam" na possibilidade de subtrair-se ao sofrimento.

Por sua vez, os cachorros treinados para a fuga, primeiro pulam de um lado para outro da gaiola; em seguida, buscam uma possibilidade de evitar a dor. Eles rapidamente aprendem a pular a barreira.

Os cães que não foram pré-condicionados pulam a barreira depois de algumas voltas confusas.

Os cachorros tornados indefesos aprenderam que não há jeito de escapar e, por isso, não procuram um meio de fugir. Também fora do experimento os cães indefesos se comportam de modo diferente. Os cachorros não-condicionados e os treinados para a fuga latem e eriçam o pêlo quando se quer tirá-los do canil. Os cães condicionados "parecem completamente submissos; eles se deitam passivamente no chão, às vezes rolando de costas, demonstrando humildade – eles nunca opõem resistência".[9]

Depois de experimentos com mais de 150 cães, a conclusão de Seligman foi a seguinte: não era o choque que provocava o desamparo, mas o fato de que o choque não era controlável: é o condicionamento de que não podemos fugir do nosso "destino".

Depois de algum tempo, os cães indefesos passaram a mostrar sintomas semelhantes a uma reação depressiva, reagindo a fatores externos, como passividade, pessimismo, ausência de agressão ou ira, movimentos lentos, falta de motivação para reagir. Além do mais, alguns desenvolveram úlcera de estômago e ficaram com o pêlo áspero. Também gatos, ratos, camundongos, pássaros, macacos, peixes, baratas e seres humanos reagiram de forma indefesa em diversos experimentos. Seligman concluiu, portanto, que cada um pode aprender a se tornar indefeso.

A seguir, Seligman e seus colaboradores queriam desfazer a depressão criada em laboratório. Os cães condicionados foram colocados numa gaiola sem barreira, de maneira que pudessem escapar para a parte sem eletrificação. Mas os animais não se moviam. Eles agüentavam passivamente os choques.

Então Seligman entrou na parte segura da gaiola e os chamou diversas vezes. Eles não obedeceram.

Ele deixou os cães ficarem com fome e pôs comida na parte não eletrificada da gaiola. Os cães não se mexiam. Somente quando Seligman deu um chute neles, obrigando-os a externar uma reação, é que eles foram para o lado não-eletrificado.

Foram necessárias muitas passagens como essa para que os cachorros reagissem com instinto de fuga. Mesmo quando a barreira foi recolocada, os cães aprenderam a pular. Isso significava que a depressão podia ser revertida. E o desamparo aprendido também.

"Não se deixe intimidar"

Heidelberg, 1977. Eu me matava de estudar para conseguir o meu diploma em Psicologia. Eu havia estudado por meses a fio para a primeira prova de "Motivação e aprendizagem" e estava tranqüila ao me dirigir para a prova; sentia-me bem-preparada e estava certa de que seria aprovada. Naquele momento, eu era tudo, menos indefesa. Assim eu pensava. O examinador começou a fazer perguntas inocentes e, quando eu começava a enunciar a resposta, ele me interrompia e perguntava minúcias sobre aquela questão. Logo eu me senti acuada de tal forma que não via a hora de a prova terminar e tinha dúvidas se conseguiria ser aprovada. Fui ficando mais e mais assustada, e meu desempenho já não correspondia aos meus conhecimentos. Ao deixar a sala de exames com nota 3, eu soube que teria de mudar minha estratégia. O debate com os outros candidatos mostrou-me nitidamente que eles não estudavam tanto; antes, refletiam mais sobre o conteúdo do aprendizado. Não respondiam afoitamente às perguntas, mas discutiam-nas com o examinador, apresentando-se como parceiros iguais de conversação. Eles não eram "amáveis", mas atrevidos. Minha raiva deu-me forças para dizer a mim mesma que nas próximas provas eu não me deixaria intimidar por mais ninguém. Eu decidi lutar. Como as provas vinham uma atrás da outra, eu já não conseguia forçar tanta coisa para dentro da minha cabeça. Procurei um grupo de estudo no qual podia perguntar, discutir e expor o assunto de modo crítico. Anteriormente esse grupo havia me parecido uma perda de tempo. Eu me saí melhor nas provas seguintes, mas ainda era fácil confundir-me e acabar num beco sem saída. No fim do período de provas, o tempo disponível para estudar era cada vez menor, e as notas, cada vez melhores. Eu havia aprendido a reagir às perguntas que não sabia, em vez de agir como um besouro que tivesse caído de costas. Eu agora devolvia a pergunta: – O que o senhor quer dizer com isso? Por acaso existe esse e mais esse embasamento teórico sobre o assunto? – Aos poucos, aprendi o que significava não se deixar intimidar. Fazer o melhor com aquilo que se tem. Ou, como certa vez alguém disse, guiar o examinador para as profundezas do oásis no deserto.

A experiência de saber que o seu comportamento age de forma positiva é o melhor remédio contra o desamparo.

Infelizmente, porém, o desamparo geralmente está acoplado a uma grande dúvida: saber se realmente conseguimos realizar algo. E assim nem tentamos. Ou desistimos cedo demais e não nos concedemos tempo algum. E, portanto, nenhuma chance.

Há quinze anos resolvi aprender a jogar tênis. O treinador não fazia o meu tipo e nem eu o dele. Ele tentou me ensinar as técnicas do jogo dizendo o que eu fazia de errado. Ele nunca me elogiava. Isso me levava a reparar apenas na minha postura em segurar a raquete e nunca conseguia acertar uma bola. Um dia, ele disse: – Eu rezo três Ave-Marias se você desistir. – Depois do curso, vendi minha raquete e nunca mais joguei tênis.

Todos os dias, nas escolas, inúmeras crianças se tornam indefesas, pelo menos temporariamente.

As psicólogas Dweck e Ripucci realizaram uma experiência com escolares de 10 anos de idade. Uma parte das crianças recebeu de um pesquisador tarefas insolúveis. Quando, por causa disso, elas começaram a sentir-se muito inseguras, receberam tarefas que tinham solução. Estas foram solucionadas com um rendimento abaixo do que o dos outros alunos, que haviam começado pelas tarefas solucionáveis. Somente depois de trabalhar com um outro pesquisador, os alunos tornados inseguros também conseguiram solucionar as tarefas de modo satisfatório.[10] Será que "burrice" depende do professor? Todos nós tivemos durante o período escolar professores com os quais não conseguimos um bom desempenho, apesar de sermos talentosos na matéria por eles lecionada.

Como era o comportamento do professor em cuja matéria você conseguia um bom rendimento? Acredito que ele a elogiava, era simpático e lhe perdoava, vez ou outra, algum deslize. Tinha bom humor, e conseguia criar um clima favorável ao aprendizado.

Alguns pais acham que, se jamais elogiarem seus filhos e ainda por cima os compararem com crianças conhecidas, estarão, assim, instigando-os a grandes feitos.

Margitta: – Meus pais sempre esperavam de mim a nota máxima. Outras notas nem existiam para eles. Se eu chegasse em casa com uma nota 8, eu deveria melhorar da próxima vez. Mas se eu tivesse de apresentar um trabalho em classe, eles nunca me ajudavam a estudar. Também não me ajudavam nas tarefas de casa. Eu ficava sabendo indiretamente que eles sentiam orgulho de mim, pois se vangloriavam de meus feitos com vizinhos e parentes.

Margitta ficou desmotivada. Mas tinha a certeza de que, se chegasse com nota 10 em casa, esta era suficientemente boa. Apesar das exigências de desempenho de seus pais, ela era uma boa aluna e recebia reconhecimento e carinho dos pais.

Assim, Margitta não era totalmente indefesa. Ela ainda podia fazer algo (esforçar-se na escola e estudar muito em casa) para ser "amada".

Monika teve experiências que a tornaram mais desamparada do que Margitta. Se ela chegasse com uma nota boa, o pai dizia com desprezo: – O teste deve ter sido fácil. – Porém, se Monika tirasse uma nota mais ou menos baixa, era tachada de burra e preguiçosa.

Nunca estava "bom". Sua mãe se lamentava de que tinha de trabalhar muito e que não havia quem a ajudasse na lida doméstica. – Porém, se eu a ajudasse lavando o chão da cozinha, não passava meia hora e lá estava minha mãe, lavando tudo de novo. Com certeza, não estava suficientemente limpo. Ela controlava quase todos os trabalhos e os repetia, fazendo-os melhor. Isso me fazia sentir uma raiva incontrolável, rancor e amargura - diz Monika. Ela começou a sentir que não era suficientemente boa e que não fazia nada certo. Ainda hoje Monika tenta fazer tudo certo para todos, para, finalmente, receber o reconhecimento que não teve quando criança.

Os outros são sempre melhores

Ao comparar-se com os outros, Monika sempre se acha inferior. Não porque o que ela tem a oferecer seja "ruim", mas porque, à luz do que os outros apresentam, ela simplesmente empalidece.

Monika: - Outro dia eu ia ao cinema com minha amiga Anke. Eu me produzi e estava gostando do meu visual. Usava uma bela calça *jeans*, um top verde-claro e uma jaqueta que combinava perfeitamente com ambos. Ao sair de casa, eu ainda me sentia muito bem. Mas quando cheguei na casa da Anke e a vi, meu humor despencou para zero. Anke vestia um casaco de couro marrom-escuro, calças creme e sapatos muito elegantes marrom-escuros. De repente, minha roupa me pareceu miserável e barata. O verde-claro do top e o azul-claro do *jeans* davam a impressão de desbotados. Cheguei a sentir vergonha. Além do mais, de repente eu me sentia gorda demais. Durante quase todo o filme, eu não consegui me livrar de meus pensamentos negativos.

Antes de sair, Monika ainda achava suas roupas em ordem. Mas diante da comparação, avaliou-as negativamente. Não só isso; ela achou suas roupas subitamente inadequadas e, de tanta vergonha, estragou sua noite.

"Minhas roupas não são suficientemente bonitas; portanto, não posso me divertir", era a atitude de Monika. Era de se imaginar que a comparação com Anke fosse desfavorável para Monika, mas também que ela superasse o problema e tirasse o melhor proveito daquela tarde. A vergonha embotava sua mente. Monika pressentia que seu péssimo desempenho comparativo não tinha nada que ver com suas vestimentas, mas com sua auto-estima. Se esta estiver baixa, ela só pode sair-se mal.

– Eu gosto da decoração da minha casa. Mas quando chego à casa de algumas amigas que, por acaso, têm a casa mais moderna, decorada com mais bom gosto, ou a decoração mais cara, eu fico com inveja. Então chego em casa e acho que tenho de mudar tudo de lugar.

– Às vezes eu compro alguns utensílios domésticos novos ou uma nova toalha de mesa. Em geral, essa insatisfação diminui depois de alguns dias – diz Margitta.

Um exemplo extremo foi-me contado por Anne, uma jovem médica: – Eu venho da classe operária e na nossa casa um médico era algo especial, alguém superior. Há pouco tempo estou trabalhando na enfermaria e freqüentemente me surpreendo comportando-me de modo servil perante meus colegas, como se eu também não fosse médica. Quase chego a obedecer-lhes. Então repito para mim mesma, você também é médica, você tem o mesmo valor. Mas não acredito nisso com convicção. Isso me consterna. Com isso, os outros, de certa forma, não me levam mais a sério.

George Bernard Shaw descreve esse sentimento de vergonha e inferioridade assim: – Um clube, que me aceitasse como sócio, não seria viável. Pois esse clube não pode prestar.

Especialmente freqüente é a avaliação do que temos e do que poderíamos ter, em relação ao amor.

Monika: – Eu me lembro bem da época da minha adolescência. Eu sempre achava idiotas os rapazes que se interessavam por mim. Mas aqueles que eu não podia ter, esses eu achava demais. Só aceitei o meu primeiro namorado porque havia outras garotas interessadas nele. Com meu marido foi algo parecido. Antes de me casar, eu havia terminado várias vezes com ele. Mas quando eu o via com outras mulheres, ele se tornava novamente atraente e eu o queria de volta.

Como adolescente é natural fazermos experiências, e isso é bom. Afinal, devemos descobrir qual é o nosso tipo e qual não é. Mas ficar experimentando por aí não deve virar um jogo no qual as amigas determinam o vencedor. Não se trata de agradar aos outros, mas de conhecer as próprias preferências.

O motivo pelo qual é tão difícil para as mulheres amáveis demais determinar o próprio gosto está no relacionamento com seus pais e com as preferências em desenvolvimento da filha.

Enquanto a filha é bebê, as mães têm de pensar e agir por ela. O bebê ainda nos "ouve" totalmente e podemos vesti-lo de modo bonitinho, sem que ele possa reclamar. Quando, no jardim-de-infância, a criança começa a desenvolver o próprio gosto, nós, mães, temos de ceder uma parcela de poder à criança. Eu ainda me recordo nitidamente da manhã em que meu filho Matthias, de apenas 4 anos, não queria deixar-se pentear. O tempo urgia. Eu queria levá-lo ao jardim-de-infância e em seguida ir para o trabalho. Matthias corria pela casa toda e eu com a escova de cabelos corria atrás dele. Quando finalmente o peguei, penteei-lhe o cabelo às pressas. Matthias correu para o próximo espelho e espalhou novamente o cabelo com toda a força. Então eu comecei a pensar: Por que para mim, como mãe, é tão importante que meu filho chegue penteado ao jardim-de-infância?

Encontrei a resposta. Eu temia que o pessoal do jardim-de-infância pudesse pensar: "Típica mãe profissionalmente ativa. Será que não tem mais tempo pela manhã para pentear seu filho?"

E questionei se era mesmo tão importante o que o pessoal do jardim-de-infância pensasse a respeito. Decidi que "não" e deixei meu filho ir do jeito que estava.

Este breve episódio deve mostrar em quais situações cotidianas ensinamos as crianças a ter "bom gosto".

– O que os vizinhos vão pensar, se você andar por aí desse jeito? – Monika tinha de ouvir isso quando ia à discoteca de minissaia e cabelos tingidos de acaju. "O que os vizinhos vão pensar?", tinha ela de ouvir, quando rapazes apareciam de moto diante de sua casa.

Ela tinha de ouvir quando não passava o Natal com os pais, quando seus filhos saíam à rua com a boca suja ou de meias furadas.

Os vizinhos ou as "pessoas" como instância moral. Todas as pessoas pensam de vez em quando nos vizinhos; afinal, somos parte de uma comunidade. Mas este não é o ponto. Quando nos expomos às "pessoas" e lhes concedemos o poder de determinar nossos sentimentos, então a questão se torna realmente problemática.

Os pais de Monika queriam ter uma filha da qual sentissem orgulho. Para isso, a filha tinha de ser "perfeita" também no que se relacionasse com o vestuário e a aparência. Monika queria agradar aos pais. Quem sabe assim lhes incutiria também um pouco de consideração e reconhecimento.

Tudo o mais era motivo de vergonha para os pais de Monika. Se eles tivessem sido obrigados a sentir essa vergonha, teriam tido de esclarecer tudo de uma vez por todas. Essa teria sido uma ótima chance para os pais de Monika amadurecerem.

Contudo, Monika era uma filha "boazinha" e sensível à vergonha; portanto, aceitou o encargo de trabalhar os seus sentimentos e os dos seus pais. Os pais não aprenderam nada com isso, e Monika foi ficando cada vez mais "amável demais".

Esperar e desistir depressa demais

O desamparo aprendido atua também quando, diante de problemas, não arregaçamos simplesmente as mangas, providenciando a solução. E, mesmo que se lance mão de uma solução, o desamparo ainda pode exercer sua astúcia sobre nós, fazendo-nos desistir depressa demais.

Por que tantas mulheres são tão inábeis com o martelo, a chave de fenda ou a furadeira? Porque em casa elas sempre tiveram alguém (pai, avô, irmão, tio, marido ou amigo), que lhes tomava a ferramenta da mão e dizia: – Você não sabe fazer isso. Deixe que eu faço.

Como mulher, elas podiam depois limpar a sujeira. Dessa maneira, a mulher não aprendeu nada com isso. Se já em criança lhe tomavam o martelo da mão, mais tarde, quando ela tenta novamente, não consegue um bom resultado e faz um serviço malfeito. Em contrapartida, temos a influência negativa sobre a auto-estima. Por meio de auto-acusações ("eu sou mesmo uma negação inábil") e uma baixa expectativa de resultado do trabalho ("isso não vai dar em nada"), a motivação de tentar novamente e persistir, geralmente cai por terra.

Ainda me lembro bem de como, há alguns anos, construí uma estante no porão. Eu praticamente não tinha ferramentas e tinha de ser rápida, antes que um habilidoso trabalhador doméstico chegasse em casa. Quando ele chegou, a estante estava pronta e eu enormemente orgulhosa. Mesmo a observação de que "vamos ter que apertar novamente os parafusos" não conseguiu causar danos ao meu orgulho.

O fato de saber que conseguimos realizar algo sozinhas nos dá uma grande autoconfiança e deixa que a nossa motivação cresça novamente às alturas.

Quantas mães reclamam que é difícil ensinar as tarefas de casa aos filhos. "Eu prefiro fazer sozinha; dá menos trabalho", dizem elas. Mas esse procedimento só é válido nesse momento. Mostrar como se faz é um investimento para o futuro, que mais tarde traz benefícios para a mãe e para a criança.

Mulheres indefesas em geral são mulheres dependentes. Mulheres casadas "desistiram" de sua independência anterior porque "agora o marido se ocupa das finanças, do carro e do volante". Muitas vezes elas nem sabem quanto o marido ganha. Elas já não sabem como preencher um cheque, abastecer ou licenciar o carro. Elas não sabem mais como fazer um empréstimo bancário, como manter uma conversação com o banco ou como se orientar numa cidade estranha. Elas jamais sairiam sozinhas de férias. Elas se justificam por todo centavo de despesa doméstica e perguntam se podem comprar um novo par de sandálias. Elas detêm o *status* de uma criança dependente. Com a diferença de que a criança se torna cada vez mais independente. Elas não tomam mais nenhuma decisão. Todas as decisões são tomadas por elas.

A pior variante do jogo "o que você quer?" equivale a "decida você, para que eu possa reclamar". E isso se passa da seguinte forma: pergunta-se ao marido (aos filhos, aos pais, aos amigos ou aos parentes), o que ele ou ela desejam comer no dia seguinte (ou onde gostariam de passar as férias, ou onde gostariam de ir no domingo à tarde). Se a escolha foi espaguete com molho e salada, você prepara espaguete com molho e salada. Então, quando todos se sentarem para comer, você logo começa a reclamar: – Sempre esse bendito espaguete. Não posso mais nem ver. Como engorda! Acho que engordei de novo. Logo vou precisar de uma calça nova, mas nós não temos dinheiro. Bem que você poderia ganhar mais, com todo o trabalho com que o sobrecarregam na empresa. Na verdade, você merecia ganhar mais. Eu não posso ajudar. De que jeito, tendo de fazer as compras, cozinhar e ainda trabalhar fora...?

Bom proveito!

Desamparo, impotência e co-dependência

Um casal apaixonado está sentado agarradinho à beira-mar.

– Rolem, vagas, rolem! – declama o rapaz cheio de sentimento.

– Querido, você é fantástico! – sussurra a moça. – Veja, elas o obedecem! – Li recentemente essa piada na revista de programação da TV. Deve ter sido escrito por um homem pois, para os homens, as mulheres indefesas são mulheres burras. Personagens de anedota.

Como as mulheres ficam tão indefesas?

Acabamos de conhecer algumas medidas "educadoras" de tornar as mulheres indefesas. Mas ainda há muito o que dizer sobre esse assunto. Medidas sutis, além de tudo. Essas são especialmente perigosas, porque implicam "boas intenções" e não são reconhecidas de imediato.

Em geral, começa com as fraldas. Muitas de nós foram alimentadas ao ritmo de quatro horas. Isso se fazia antigamente (e algumas mães ainda o fazem hoje) para ensinar um ritmo às crianças. O ritmo serve para proporcionar um pouco de sossego nesse meio-tempo. E realmente funciona, mas apenas enquanto a criança se mostrar resignada. Se a mãe for consciente, isso não leva muito tempo. Por que um ritmo de quatro horas pode nos tornar indefesas? Porque o recém-nascido normalmente começa a chorar para obrigar a mãe a determinadas ações: por exemplo, alimentá-lo. Mas se ela não reage ao choro, então o bebê aprende que seu choro não interfere em nada. Isso é desamparo. A comida vem, independentemente de sua ação. Ele não tem nenhuma influência sobre isso. Um recém-nascido "bonzinho" aprende depressa e desiste de gritar. Se a mãe também não tira a criança do berço quando esta o deseja (para que a criança não a faça de boba), ela tem a impressão de que não exerce grande influência sobre o comportamento da mãe. As mães se comportam de modo diferente diante de meninas e de meninos. Experiências comprovam que meninos são amamentados durante mais tempo do que as meninas.

Numa outra experiência, fizemos algumas mães ouvir uma fita com choro de criança e lhes dissemos que se tratava de um menino. Respondendo à pergunta: Por que razão, provavelmente, ele estaria chorando, a grande maioria respondeu: de raiva. Mas acreditando que a criança aos gritos fosse uma menina, elas viram antes o medo como motivo.

As mães também superestimam a inteligência dos meninos. Nas meninas, ao contrário, elas superestimavam a estabilidade psíquica. Por isso, as meninas geralmente são consideradas mais equilibradas, calmas e fáceis de cuidar.

Marianne Grabucker, que descreve em seu livro *Typisch Mädchen* [Meninas típicas] a socialização de sua filha até a idade de 3 anos, conta, impressionada, como as meninas são obrigadas a se adaptar a situações banais e como o comportamento egocêntrico dos meninos é aplaudido. Sua filha de 2 anos dançava ao som de uma música com dois meninos de igual idade ao redor de um cavalo de balanço. Os meninos saem correndo para pegar o brinquedo. Se vai haver um encontrão, não interessa. Depois de levar três encontrões, a menina passa a se esquivar toda vez, para que isso não aconteça de novo. A menina antecipa-se aos acontecimentos, adivinha o comportamento dos meninos e torna possível um desempenho de adaptação para todos. As mães dos meninos não comentam nada.

"As mães não exigem nenhuma adaptação das meninas, ao contrário, acham o desempenho delas natural."[11]

Neste caso a menina não é indefesa, já que seu comportamento implica (ou evita) algo, mas a menina o faz para os outros. Ela é "amável"!

Mais tarde, porém, a educação para o desamparo segue o mesmo ritmo, pois tudo o que estiver fora da área de influência da mãe é muito perigoso.

Monika: – Quando eu era criança, eu não podia fazer muitas coisas. Se aos 12 anos eu quisesse freqüentar a piscina com as amigas, logo diziam que a gente podia se afogar e eu tinha que ficar em casa. Se no inverno eu quisesse patinar, eles argumentavam que o gelo podia se quebrar. Se eu quisesse cavalgar, falavam que a gente podia quebrar a nuca. Se, por outro lado, eu fosse trepar numa árvore, logo vinham dizer que os galhos podiam quebrar e que eu ia despencar de lá de cima. Assim, por mais bonito que estivesse o dia, eu ficava sentada em casa, lendo. Hoje em dia, sou completamente destreinada e inexperiente no que diz respeito a esportes e jogos. Não consigo avaliar o perigo. Quando vou com o meu marido e meus filhos ao parque, os três se divertem descendo pelo escorregador mais alto. Eu fico de lado, cuidando para que as crianças ponham seus gorros e abotoem os casacos. E por que, afinal, eu me dou ao trabalho de ir até o *playground*? Eu poderia ficar em casa e fazer alguma coisa diferente.

Por quê? Por que Monika não se supera e desce igualmente pelo escorregador? Ou se diverte um pouco? Provavelmente ela não está calçando os sapatos adequados, o marido imagina. Mas os motivos estão muito mais profundamente arraigados. Muitas mulheres têm de ajudar a mãe na lida doméstica. Não há nenhuma restrição quanto a isso. Mas algumas mulheres "amáveis demais" têm de servir os irmãos. E contra isso há restrições a fazer. Elas valem menos que os irmãos. Foram educadas para serem donas de casa que, naturalmente, tinham que se ocupar com a sujeira dos outros. E do bem-estar deles.

Monika: – Hoje em dia, se recebemos visita, todos se dirigem a mim para reclamar se algo está faltando à mesa. É muito natural. Só que eu já não corro à cozinha para buscar as coisas, mas mando também meu marido e meus filhos.

Mas Monika não leva muito longe sua atitude de recusa, pois logo fica com sentimentos de culpa. Ela também não "pode" simplesmente sair do *playground* e voltar para casa, ou ficar em casa de uma vez. Ali ela poderia fazer o que *ela quer.* Mas, isso também lhe provoca sentimentos de culpa.

Monika tinha de ajudar a mãe em casa, mas sempre obedecendo às condições dela. Ela tinha de picar a verdura do jeito que a mãe queria. Tinha de fritar as batatas do jeito que a mãe gostava. Mas se ela, já adolescente, quisesse preparar algo para comer à noite, a mãe intervinha: "Crianças só fazem sujeira na cozinha".

– Mesmo que eu prometesse limpar e arrumar todas as panelas e tigelas, eu não podia cozinhar sozinha. A minha arrumação não era suficientemente boa para minha mãe – recorda-se Monika.

Monika só podia cozinhar "mandada pelos outros, não por si mesma". Assim ela não aprendeu a aprender com os próprios erros. Não desenvolveu confiança na sua capacidade para cozinhar. Como ela gostaria de experimentar uma receita nova! A conseqüência disso, hoje em dia, é que Monika cozinha de modo completamente diferente do de sua mãe. Ela evita o trivial. Não porque não goste, mas porque ele "pertence à mãe dela". Ela criou seu próprio domínio, aprendendo a cozinhar novos pratos seguindo receitas. E está satisfeita com isso.

Em todo caso, Monika conseguiu "conquistar" um domínio para si sobre como cozinhar e sobre as comidas. Noutras áreas ela dificulta mais as coisas para si mesma.

Os anseios psíquicos de Monika foram fortemente negligenciados no seio da família e por isso hoje ela os negligencia.

Ela não consegue dizer como vai. Mas pode dizer com certeza como estão o marido, os filhos e a gata. Ela não sabe como *ela* quer as coisas, mas sabe exatamente como as coisas *deveriam ser.*

Mulheres como Monika são definidas como co-dependentes. O conceito de co-dependência relacionava-se, originalmente, às mulheres dos alcoólatras. Diz-se delas que têm um interesse inconsciente no comportamento alcoólatra do marido. O comportamento do alcoólatra e o da mulher co-dependente encaixam-se como a chave e a fechadura (por exemplo, ela critica o fato de ele beber; ele bebe porque ela o critica). Hoje usamos a co-dependência para definir uma mulher cuja identidade essencial está subdesenvolvida e que mantém uma identidade fictícia. Essa identidade irreal é conseqüência de sua dependência em relação a seguranças "externas", como o marido, o *status*, a família, a aparência, que determinam as normas ou o trabalho.

Charlotte Kasl define esse conceito da seguinte maneira: "Co-dependência é um sofrimento causado pelas desigualdades sociais, segundo as quais o membro de uma minoria tem de viver em uma sociedade cujas regras são feitas pela maioria. O co-dependente sabe mais sobre os que estão no poder do que sobre si mesmo".[12]

As mulheres co-dependentes, "amáveis demais", são as esposas e mães "ideais". Elas sempre colocam o marido em primeiro lugar. Fazem tudo pelos seus filhos. Nunca pensam em si mesmas. São sempre pacientes, cordiais e nunca reclamam. Enquanto isso, ninguém se lembra de que as mulheres co-dependentes são tão "amáveis" por medo. Ela teme a desaprovação dos outros. Sofre com medos existenciais. Teme que seu parceiro possa deixá-la quando ela se tornar reivindicadora demais. E ela tem medo de brigas, de conflitos.

Kasl: "Quando se representa esse papel, não se pode ter vida interior: é preciso ser amável o tempo todo".[13]

5

Comportar-se de modo perfeito

"Seja novamente boazinha!"

Thorsten e Silke são um jovem casal. Há três meses eles moram juntos. Thorsten trabalha numa firma de computação e é responsável pelo atendimento aos clientes. Silke é pedagoga. Ambos se definem como felizes na sua relação.

Silke toma conta de uma turma de manhã e chega em casa por volta de duas e meia da tarde. Como Thorsten trabalha até tarde, e às vezes fica até as oito horas com os clientes, Silke tem bem mais tempo do que ele em casa. Ela então faz a limpeza geral da casa, para que "possam se curtir" durante o tempo que passam juntos. Quando Thorsten chega em casa, geralmente ele está exausto. Ele tem que analisar as reclamações dos clientes e muitas vezes tem de aturar o mau humor deles. Nessa noite, Thorsten e Silke foram convidados para a festa de aniversário de um amigo comum. A festa só começará às dez horas. Silke preparou alguns sanduíches e um bule de chá. Agora ela espera por Thorsten. Finalmente, às quinze para as nove, a chave gira na fechadura. Thorsten chega à cozinha e dá um beijo fugaz na boca de Silke. – Desculpe ter chegado tão tarde. Eu estava até agora com um cliente. A engenhoca simplesmente não queria funcionar. Eu tive de trocar um módulo. Demorou um bocado. – Ele tira o sobretudo e os sapatos e volta para a cozinha. Silke já está sentada diante da bonita mesa posta. Thorsten faz-lhe companhia e serve-se de pão com presunto, que come com gosto; em seguida, apanha o jornal do dia.

– O que você acha, devo pôr a minissaia vermelha com o *top* branco ou o pretinho básico? – pergunta Silke. – Para mim tanto faz – mastiga Thorsten. – Mas um dia desses você reclamou porque o vestido preto estava muito curto atrás e podia-se ver minhas coxas grossas – disse Silke. – Ah, foi é? – diz Thorsten desinteressado. Silke vai se trocar. Thorsten está lendo. Ele não tem intenção de mudar de roupa. Silke entra com um vestido de festa. – Que tal? – pergunta ela faceira e dançando em círculos. – Por educação, Thorsten dá uma olhadinha rápida. – Bom, bom – murmura ele. – Você não vai se trocar? Já são quase nove e quinze – intima Silke. – Não, eu vou ficar com a mesma roupa – murmura Thorsten. Depois de outros dois sanduíches, Thorsten dobra o jornal. – Você está pronta? – chama Silke, que está no banheiro. Silke sai. – Eu não sei se estas meias rendadas são muito ousadas. Você acha que está bem? – Silke está insegura. Thorsten deve decidir. – Como assim? Você está uma gata, não sei o que tem de ousado nelas. – Thorsten agora está levemente irritado. Silke fica com as meias. Ele veste o sobretudo, Silke pega a bolsa e ambos deixam a casa. Thorsten está com os pensamentos longe. – O que você tem? – pergunta Silke no trajeto para o carro. – O que você acha que eu devo ter? Ainda estou pensando no computador do cliente. – Silke fita Thorsten um pouco assustada. Thorsten senta-se ao volante. Ele dirige em silêncio. Silke o observa de lado. – Ah, sim, você tem alguma coisa. Eu vejo muito bem. Por que você não fala comigo? Tem alguma coisa a ver comigo? – A voz de Silke adquire um timbre choroso.

Thorsten começa a bufar. – Ouça, Silke, eu não tenho nada. Estou só pensando como vou dizer ao meu chefe que deixei de visitar um cliente. Simplesmente não deu tempo. Mas já estava combinado, e eu nem liguei para desmarcar. Eu me esqueci. Está bom assim?

– Sim, sim, é claro! É que eu acho tão esquisito quando você não diz nada. Fico logo pensando que eu fiz algo errado.

No íntimo, Silke é muito insegura. Ela não tem padrões próprios. Thorsten tem de lhe dizer o que é certo. Ela faz tudo para agradá-lo.

Isso é comportar-se de modo perfeito: quando alguém silenciosamente faz tudo o que o outro (supostamente) gosta, quando adivinha os desejos do outro. Mas podemos adivinhar os desejos do outro quando se quer fazer-lhe uma surpresa ou fazê-lo sob coação, porque no momento em que percebemos os desejos do outro e não os realizamos, o medo toma conta.

Silke sente-se logo culpada e gostaria de reparar tudo rapidamente.

Ela fica "amável demais".

Uma das fontes que alimentam o comportamento perfeito é o medo. Outra é a necessidade de atenção.

"Precisamos" do outro. O lema é: Se eu sou amável com você, você também tem que ser amável comigo. Então eu prefiro sacrificar a minha opinião própria. Antigamente, os homens faziam sacrifícios para apaziguar e induzir os deuses compassivamente.

O sacrifício dos próprios anseios e da própria opinião (renegada) tranqüiliza a pessoa da qual somos dependentes ou da qual pensamos ser dependentes.

Contudo, o que a curto prazo acalma, a longo prazo causa medo, porque achamos que estamos sendo tolerados somente pela nossa "natureza prestativa". Quanto mais "amáveis" nos tornamos, menos acreditamos que seremos amados e considerados caso nos tornemos mais atrevidos, autoconfiantes e superiores. Inicia-se então um círculo infernal.

Apaziguando os tiranos

Silke ainda se lembra. Quando ela era criança, os pais brigavam muito. A mãe logo se encolerizava e o pai ficava agressivo com facilidade, quando esta o provocava.

– Era aquela gritaria a noite toda. Em geral, era por causa de dinheiro ou da educação dos filhos. Quando podia, eu me retirava para o meu quarto. Às vezes, porém, era eu o motivo da contenda e eles gritavam comigo feito loucos. Eu achava aquilo terrível e preferia morrer. Então eu procurava me distrair. Isso funcionava e assim eu conseguia me desligar. Então eu contava as florzinhas das cortinas ou ficava pensando na solução de um dever de matemática. Só assim eu conseguia superar esses minutos e horas intermináveis.

Como uma criança consegue lidar com uma atmosfera tão ameaçadora e insuportável? Ela desenvolve mecanismos que, muitas vezes, continua usando depois de adulta. O comportamento perfeito é um dos mecanismos para a distração dos sentimentos dos outros.

No meu formulário de perguntas, acompanhei mecanismos que as mulheres desenvolveram quando crianças. Minha pergunta era:

– Imagine que você tem 8 anos de idade, seus pais estão brigando e você não sabe muito bem por quê. O que você teria feito para acalmá-los?

Eis algumas respostas:

– Eu me retiraria ou sairia correndo para a casa de uma amiga.

– Eu me esforçaria ainda mais para agradar aos meus pais; seria ordeira, quieta, imperceptível, prestativa e gentil.

– Seria boazinha, quieta e imperceptível, para não apanhar.

– Seria amável, prestativa.

– Faria algo para ajudar em casa.

– Escreveria uma carta apaziguadora, arrumaria a cozinha, limparia a casa, cortaria a grama.

– Ficaria com a consciência pesada, choraria, prometeria que ia melhorar.

– Seria trabalhadeira, faria o trabalho de casa.

– Mostraria calma, ficaria invisível.

– Eu me comportaria como se nada tivesse acontecido.

– Abafaria todos os anseios infantis: retirar-me-ia para mundos imaginários, da fantasia, da religião.

– Teria ficado infeliz, quieta, angustiada.

– Bajularia; faria exatamente o que a mãe quisesse. Pediria ao pai para dar-me logo umas pancadas, assim tudo ficaria certo novamente.

– Faria perguntas e atenderia meus pais.

Uma resposta impressionou-me mais, pois ela foi dada pela metade das mulheres. Elas teriam arcado, cegamente, com toda a "culpa". Estariam dispostas a "assumir" toda a "culpa".

Uma mulher escreveu: – Em situações como essas, eu mesma me infligia ferimentos. Certa vez, deixei cair propositalmente uma garrafa de leite vazia e arranhei o meu braço com os cacos. Ao verem sangue, meus pais esqueceram o rancor contra mim e logo me medicaram.

Silke: – Meus pais jamais se desculpavam comigo. Certa vez, eu deveria arrumar o quarto mas disse que não tinha vontade. Como minha mãe estava esperando visitas e queria exibir a filha ordeira, eu lhe frustrei o desejo. Por isso, ela me trancou no meu quarto a tarde toda, deixando-me sair somente à noite. E eu deveria pedir desculpas. Eu nem sabia por quê. Na verdade, eu achava que era muito pior o que minha mãe havia feito comigo do que o que eu havia feito com ela. Contudo, de algum modo, eu notei que não tinha chance e resolvi me desculpar.

Silke aprendeu: Se a atmosfera na família estiver pesada, provavelmente a culpada sou eu. Se, porventura, eu for a causa da atmosfera carregada, faço bem em me desculpar logo e refletir sobre como devo agir para fazer com que tudo volte ao normal.

E hoje ela se comporta da mesma maneira em relação a Thorsten. Ela procura ler o desejo em seus olhos a fim de realizá-lo; aceita a opinião dele, faz o trabalho doméstico, veste apenas o que ele gosta, deixa-o dirigir. Ela se faz de "criança querida" – criança!

Com medo do castigo

As menininhas sabiam muito bem o que os pais consideravam uma criança "boazinha": quieta, consciente de sua culpa, facilmente manipulável, preparada para qualquer coisa que os pais exigissem, submissa, adaptada.

Procurei saber o que acontecia quando a ira dos pais culminava num castigo.

– Gritar, bater, trancar-me no quarto.

– Prender em casa, berrar.

– Não falar comigo por três dias, bofetadas.

– Calar-se, fazer ficar com a consciência pesada.

- Não cumprir promessas, chantagem.
- Pancadas com o cabide de roupa.

Para outras seis mulheres, a isso se juntavam castigos terríveis:

- Mãe ameaçando suicídio.
- Tentativa de homicídio, ameaças, maus-tratos.
- Ameaças de abandonar a família.
- Tentativa fictícia de suicídio da mãe.
- Algemar e maltratar.
- Frieza da mãe, desprezo por longo período.

Silke descreve seus sentimentos numa dessas situações: - Meu coração fica apertado. Eu olho para o chão. As desculpas de nada adiantam. Não consigo fazer nada para amenizar a ira dos meus pais. Eu me encolho, ando com os ombros encolhidos para a frente. Minha respiração se torna superficial. Uma terrível resignação se espalha pelo meu corpo. Meus pensamentos ficam cada vez mais lentos. Eu não sei mais nada. Eu gostaria de chorar, mas estou petrificada. Não consigo olhar nos olhos de qualquer pessoa. Ou eu xingo alguém ou irrompo em lágrimas. No momento, não consigo conversar normalmente com ninguém. Meus pensamentos giram em torno da preocupação de como acalmar meus pais. Eu me desculpo sempre novamente, embora não saiba o porquê. Teria preferido apanhar, para expiar minha culpa.

Mais tarde, esse sentimento surgirá com intensidade variável, quando Silke achar que está agindo errado. Então ela será tomada de sentimentos de culpa com todos os sintomas que os acompanham.

As crianças não conseguem lidar com castigos que estão ligados com medos profundos ou sentimentos de culpa.

A criança tem de apaziguar os pais em nome do seu próprio ambiente doméstico emocional - para poder sobreviver física e psiquicamente. Sua opinião, diferente, seria muito ameaçadora.

As crianças que sabiam que, "se você agir assim e assado, seus pais ficarão satisfeitos", tiveram uma vida muito melhor. Elas conseguiram viver no dia-a-dia demonstrando um comportamento perfeito e conseguiram algo com isso. Este é o contrário do desamparo, quer dizer, um comportamento de vencedor.

As crianças cujas mães demonstravam frieza e, em seguida, "sem mais nem menos", eram novamente "boas", tiveram dificuldade. Como os cães de Seligman, elas eram indefesas e se tornaram depressivas. Muitas das mulheres que responderam ao formulário de perguntas também sofriam de medos e distúrbios de pânico. E elas apresentavam as conseqüências de um distúrbio do *stress* pós-traumático.

O horror instala-se no cérebro

As vítimas de violências, de experiências da guerra, acidentes e torturas apresentam sintomas que podemos classificar como "distúrbios do *stress* pós-traumático".

O cerne desse distúrbio é a liberação constante de lembranças do trauma: socos, o estampido de um tiro, o penetrar de uma faca, cheiro de pólvora, gritos, o jorrar de sangue, as sirenes da polícia. E para identificar novamente situações de perigo e poder reagir rapidamente, a amígdala (parte do sistema límbico no cérebro) "aprende" a pôr em ação, numa dessas situações de horror, uma espécie de sistema de alerta precoce. Pertence ainda a essa reação um rapidíssimo derramamento de catecolaminas (adrenalina, noradrenalina = os mais importantes hormônios do *stress*), que preparam o homem para a fuga ou a luta. Infelizmente, no futuro, este sistema de alerta precoce é deflagrado por estímulos que nada mais têm que ver com o trauma inicial. Assim, muitas pessoas idosas na Alemanha têm grande horror de trovoadas ou foguetes durante as festas do *Reveillon*. Eles participaram do terror dos bombardeios da Segunda Guerra Mundial. A "noção" de que busca-pés não significam uma guerra não interessa a essa parte do cérebro que desencadeia a reação de alarme, pois esta não é comandada pela razão.

Portanto, pertencem às reações de *stress* pós-traumático recordações de horror, facilmente desencadeadas, acordar em sobressalto à noite, pesadelos, excitação geral rápida, pânico, medos e a "hipervigilância pós-traumática". Trata-se aqui de uma vigilância exagerada perante tudo o que pode apontar para um "perigo".

Se as situações de terror se apresentam durante um espaço de tempo mais longo, como na tortura, por exemplo, então surge um outro efeito: uma espécie de entorpecimento dos sentimentos. O próprio corpo derrama endorfinas que causam a incapacidade de sentir prazer; um amortecimento geral dos sentidos, o sentimento de segregação, de estar separado das outras pessoas. Às vezes, surge também uma perda de memória, em minutos, horas ou em dias especialmente críticos.

Experimentos demonstraram que pessoas, cujas amígdalas reagem anormalmente diante de situações diversas, e que também, em face de outros traumas, esboçaram reações de modo muito mais veemente, livraram-se mais rapidamente dos danos.

As mulheres "amáveis demais" sofreram traumas no passado, e os sintomas dos distúrbios de *stress* pós-traumático estão presentes. De forma amenizada, mas, ainda assim, estão lá!

Em casos de emergência, naturalmente, é vantajoso estar superatento, estimulado, pronto para o que der e vier, insensível à dor. Pois o sangue é bombeado para os músculos para que se possa lutar ou fugir. No cotidiano, uma super-reação, por mais sutil que seja, pode causar interferências consideráveis.

Silke: – Sofro freqüentemente de uma inexplicável inquietação. Então geralmente eu começo a limpar a casa, fazer arrumação ou saio para fazer compras. A questão é que preciso de movimento.

Antigamente, isso me parecia muito normal; mas depois que conheci Thorsten, já não vejo este assunto como tão positivo. Pois pude perceber que não consigo relaxar, de jeito nenhum. Quando me sento em frente à televisão com Thorsten, ele consegue se concentrar e acompanhar o filme. Eu não consigo. Eu fico o tempo todo sobressaltada e penso, "Puxa, eu ainda preciso preparar a aula de educação artística para amanhã" ou "Preciso urgentemente tirar a mesa ou lavar a louça". É como se fosse uma coação. Eu não fico apenas inquieta, mas fico verdadeiramente com falta de ar. E, acima de tudo, com sentimentos de culpa. Eu ainda me lembro bem de como era na nossa casa. Quando nós, os irmãos, estávamos sentados tranqüilamente juntos com nossa mãe jogando cartas ou vendo televisão, nossa calma acabava assim que meu pai chegava. Ele imediatamente berrava perguntando se não tínhamos nada melhor para fazer do que vagabundear. Que lá fora o quintal não estava varrido, as bicicletas não estavam guardadas e que, além do mais, ele poderia precisar urgentemente de ajuda. Em geral, ainda havia discussão entre ele e minha mãe. Era sempre muito desagradável quando ele estava em casa. Eu ainda hoje reajo fisicamente com palpitações e ansiedade, quando estou fazendo algo "inútil" ou ouço passos lá fora.

Lembremo-nos das mulheres que, nos primeiros capítulos, tinham que estar "disponíveis". Elas não podiam ler, não podiam ficar à vontade no quarto nem deixar seus trabalhos espalhados durante a noite. Nesses casos também podem estar presentes perturbações sutis de *stress*.

"Apenas" timidez?

Todas as vinte mulheres que preencheram o formulário de perguntas haviam sido tímidas quando crianças. O que diferencia as crianças tímidas das assim chamadas "ousadas"?

O psicólogo de desenvolvimento e pesquisador de temperamentos, Jerome Kagan, constatou que aproximadamente uma em cada cinco crianças apresenta sinais de timidez: apreensão, sensibilidade, quietude, suscetibilidade, reserva. Os tímidos se comportam de modo receoso diante de estranhos: sejam lugares novos, pessoas novas ou novas exigências. A isso se junta o pânico de ficar no centro das atenções. Crianças e adultos tímidos têm inclinação a sentimentos de culpa e comportamento submisso. Kagan classifica essas crianças como apresentando um "comportamento inibido".

Aparentemente, as crianças tímidas já vêm ao mundo com apenas uma conexão neural que, por ela mesma, reage com mais força numa situação de *stress* ameno. Desde o nascimento, seu coração bate mais forte do que o das outras crianças, reagindo diante de situações raras ou inusitadas.[14]

O sistema nervoso de crianças "ousadas" está ajustado a um valor limite mais alto do que o de crianças tímidas. Os tímidos reagem de modo mais rápido, mais veemente e por mais tempo a estímulos desagradáveis. Muitos pesquisadores falam de pessoas que procuram estímulos (as ousadas) e as que evitam os estímulos (as tímidas). Experiências com escolares tímidos e ousados demonstraram que o *stress* causado por censuras agia como motivação sobre os ousados; sobre os tímidos, ao contrário, como desmotivação e trauma.

Kagan presume que as crianças tímidas herdaram "uma alta concentração crônica de noradrenalina ou outras substâncias cerebrais que ativam o centro da amígdala, baixando, desse modo, o limite do estímulo".[15]

Se este for o caso das mulheres amáveis demais, então muitas situações nas quais elas se rebaixam ou engolem tudo podem ser mais bem compreendidas. Elas reagem mais depressa, mais energicamente e de modo mais duradouro a estímulos ameaçadores.

Outro conceito científico baseia-se em "extrovertidos" (os ousados) e "introvertidos" (os tímidos, interiorizados).

"O típico extrovertido é socialmente aberto, adora companhia, tem muitos amigos", gosta de se relacionar com outras pessoas, não gosta de estudar e ler sozinho. Ele gosta de agitação, encara riscos, age conforme o momento e geralmente tem personalidade impulsiva. Gosta de brincadeiras, é despachado, curte as novidades. É otimista e gosta de rir. Prefere o dinamismo, é inclinado à agressividade e logo fica impaciente. Não tem muito controle sobre seus sentimentos e não é sempre especialmente confiável.

"O típico introvertido é calmo, gosta de estar sozinho e se inclina à auto-observação. Gosta mais dos livros do que das pessoas. É fechado e distante, exceto com os amigos íntimos. Planeja tudo com antecedência, é cuidadoso e desconfia do impulso do momento. Não gosta de agitação, enfrenta os problemas do cotidiano com seriedade comedida e é propenso a levar uma vida regrada. Tem muito controle sobre seus sentimentos e raramente se comporta de modo agressivo. É confiável, um pouco pessimista e dá valor a altas normas éticas."[16]

As mulheres amáveis demais devem identificar-se mais com o tipo introvertido. Nenhum tipo é apenas "bom" ou "mau". A maioria das pessoas é constituída de tipos mistos, mas inclinam-se mais para um ou outro pólo.

As mulheres amáveis demais são simplesmente mulheres tímidas? Não. Uma mulher tímida pode ser também uma mulher segura e que sabe se defender. Mas podemos imaginar que uma moça tímida, que está exposta a influências desfavoráveis em sua educação e socialização, reagirá de modo diferente de uma moça de costumes menos sensíveis.

De fato, crianças tímidas são propensas a desenvolver mais rapidamente perturbações de pânico ou também sintomas neuróticos coercitivos (coerção para lavar, limpar ou controlar).

É verdade que crianças tímidas sempre se transformam em adultos tímidos? Sete das mulheres pesquisadas não se identificam mais hoje em dia como tímidas. Elas venceram a timidez.

Ruth, uma mulher de 34 anos que aprendeu a lidar com sua timidez, hoje vê a questão assim:

– Quando criança, eu era extremamente tímida. Na aula de canto, eu sempre tirava nota 6, porque não conseguia emitir um som. Eu pouco me evidenciava nas aulas e ficava com dor de barriga quando tinha de ir ao quadro-negro. Somente quando apareceu uma professora nova, da qual eu gostava e que me encorajou a sair mais de mim, a situação melhorou. Ela me orientou também a ler diante da classe. Antes eu era muito poupada, o que reforçava ainda mais meu medo da atenção dos outros. Quando então me tornei, gradativamente, mais corajosa, eu me manifestava cada vez mais durante a aula. Isso me trazia, por outro lado, mais atenção e elogios.

– Quando hoje, como professora, me encontro diante da classe, meu coração muitas vezes bate como se quisesse sair pela boca mas eu respiro fundo e me concentro inteiramente na matéria e não na minha pessoa. Então, os sintomas físicos acabam cedendo. Eu ainda tenho que lutar contra o ímpeto de me esconder; mas também sei que nada há de me acontecer e que, além disso, eu sei falar bem em público. Certamente eu jamais me tornarei uma pessoa extrovertida, mas na verdade eu não desejo isso.

Os pesquisadores do temperamento confirmam que crianças tímidas se tornam mais audaciosas quando aprendem num ambiente de convívio social melhor; quando brincam com outras crianças; quando são estimuladas, em pequenos passos, ao novo; quando se identificam e se tornam queridas e quando aprendem a se influenciar de modo positivo.

Eu creio que mulheres amáveis demais foram meninas tímidas que se defrontaram no seio da família com condições que reforçaram seus medos. Elas não aprenderam a conviver com os conflitos de forma adequada. E aprenderam a sentir vergonha por "ser assim". Essa mistura é diabólica.

Brigados para sempre

Silke relembra: – Nós morávamos de aluguel em um grande prédio. No apartamento de cima morava uma mulher que sempre ligava a máquina de lavar roupas tarde da noite. Meu pai se irritava tremendamente com isso, mas nunca disse nada para a mulher. Meus pais procuravam ser simpáticos com ela. Foi assim durante anos. Um dia, a mulher deu uma grande festa e convidou muitas pessoas daquele prédio. Meus pais não foram convidados. Eles ficaram fora de si de tanta raiva. – Então não se reclama, por anos e anos, do barulho da máquina de lavar e ela nem nos convida! – vociferava meu pai nessa ocasião. E a partir daí meus pais deixaram de cumprimentar a mulher, e batiam no forro com o cabo da vassoura quando a máquina funcionava até tarde. Com o tempo, a mulher também deixou de cumprimentá-los. Ambas as facções estavam brigadas. As fronteiras foram endurecidas. Meu pai não reconhecia nada de bom nela. Toda a sujeira na escada, a porta da rua destrancada, qualquer barulho – tudo vinha dela. Mas ele nunca mais conversou com a mulher. Eles estavam brigados para sempre.

Os pais de Silke haviam agüentado firme, "investindo" na relação com a mulher desconhecida. Quando o investimento não "compensou" na forma de um convite, eles se sentiram enganados e magoados. Isso provocou neles sentimentos de vingança, e eles se vingavam com difamações e pancadas no teto.

O que Silke aprendeu com isso? Ela aprendeu o convívio inadequado com conflitos sociais. Ou ficar quieto ou brigar para sempre: não havia nada entre essas duas alternativas. Ela também aprendeu: se não agüentarmos, estaremos sujeitos, com o tempo, a estar brigados para sempre. Isso é desamparo mais impotência. Silke não aprendeu que podemos conversar com os vizinhos e negociar. Ela não aprendeu que podemos ganhar poder e influência por meio dos relacionamentos. Que podemos impor regras numa boa. Mas ela aprendeu algo bem diferente: como criança, acreditou que a reação de seus pais fosse "saudável e normal". Ela supôs que todas as pessoas deveriam reagir de modo idêntico. E então ficou quieta, pois a briga estava intrinsecamente relacionada com a quebra de relacionamento.

Quando estive de férias em Creta, há 13 anos, duas alemãs me contaram que haviam sido expulsas da casa em que se hospedavam, sem a menor consideração. Elas haviam jantado no "lugar errado". A família anfitriã estava brigada desde os primórdios com o dono do restaurante. Naquela mesma tarde, as malas das duas turistas estavam à beira da estrada. Brigados para sempre!

Há 150 anos, um cavalheiro de honra devia duelar quando um membro do mesmo sexo o chamasse de "maricas". A honra exigia isso. Ele não podia admitir tal coisa; caso contrário não era mais considerado homem. Antigamente também se dizia: "A plebe briga e a plebe se reconcilia". Desse modo, em todos os tempos, estar brigado foi visto como "força de caráter".

Muitas pessoas mais velhas ainda estão imbuídas dessas regras. E elas as transmitiram a seus filhos. Muitas mulheres amáveis demais aprenderam que não se deve deixar transparecer o rancor. Mas se houver um confronto e, finalmente, uma explosão, as reações de ambos os lados estarão tão represadas que, depois disso, a relação está terminada. Ou então elas cedem logo de início.

Quando alguém cede de modo amável demais, eu digo "Ora, não é nada demais" (depreciação dos sentimentos), "Não fique assim, os outros também passaram por isso" (repressão dos sentimentos) ou "Ela me paga" (pensamentos de vingança).

Também nos relacionamentos autoconfiantes com pessoas do nosso círculo social podemos ceder, quando vemos que a situação não pode ser resolvida por bem. A isso chamamos de firmar compromisso. Se os sentimentos conscientes que se manifestam são ira, medo, raiva, frustração, mas também alívio, porque o relacionamento não precisa terminar, então o compromisso pode, conforme as circunstâncias, sofrer uma readaptação. Porém, se o acordo for rígido e os sentimentos reprimidos, ele rapidamente se deteriorará. Os sentimentos não podem ser reprimidos a longo prazo; eles procurarão uma válvula de escape. Nesses casos, caímos na armadilha dos sentimentos de culpa e rancor.

A armadilha dos sentimentos de culpa e rancor

Manhã de domingo, onze horas. Marianne está tirando a mesa do café. Ela consulta o relógio mais uma vez. Agora mamãe está diante do telefone e espera, ela pensa. Seu coração bate um pouco mais acelerado. Todos os domingos, há muitos anos, ela liga para a mãe às onze em ponto. A mãe fica na expectativa da ligação de Marianne. Ela mesma raramente liga, apenas para dizer à filha que finalmente dê notícias. Então Marianne fica com sentimentos de culpa.

Onze horas e um minuto. Marianne sente uma onda de medo e ressentimento. Eu não quero ligar para a minha mãe, grita uma voz no seu interior. Você tem de telefonar, senão ela fica ofendida, chama outra voz. Marianne solta um longo suspiro. Onze e cinco. Marianne começa a ter sentimentos de culpa.

Eu devia acabar logo com isso, pensa ela. Não, diz outra voz. Você tem 40 anos e se comporta como uma criança. Se não quer ligar, não ligue. Marianne não acha isso certo. Se não liga, fica com sentimentos de culpa; se liga, fica com raiva de si mesma.

Presa entre sentimentos de rancor e culpa, Marianne começa a sentir um leve mal-estar. Anda furtivamente ao redor do telefone. Marianne sabe: ligando ou não, ela se sentirá mal. E se ela telefonar só à tarde? Então ela será obrigada a agüentar esses sentimentos até a tarde. E a mãe vai querer saber em detalhes por que Marianne não ligou antes.

Onze e dez. O coração de Marianne bate alucinadamente. Ela vai até a cozinha e deixa correr água na cuba da pia. Mecanicamente, começa a lavar a louça. Seu coração bate em descompasso. Ela se obriga a não olhar para o relógio. Fica imaginando que sua mãe, agora ofendida, anda de um lado para o outro pela sala. Com certeza ela levanta o fone, vez ou outra, para verificar se o aparelho está funcionando. Marianne respira fundo; seu coração bate a ponto de arrebentar. A tensão é palpável. Onze e meia. O olhar de Marianne sonda o relógio. Ela não agüenta mais. Tira o fone do gancho e, mecanicamente, disca o número.

– Schmitt – soa a voz asperamente ao telefone. – Alô, mamãe, sou eu, Marianne... – começa a moça timidamente. – Marianne – troveja a mãe –, você sabe que horas são? Não sabe que eu gosto de servir o almoço ao meio-dia em ponto? Seu pai faz questão disso. – Segue-se um silêncio na extremidade da linha. Marianne está tão confusa que não sabe o que deve dizer. – Ah, sim, sinto muito, mamãe, esqueci da hora. Como vão vocês? –

Marianne procura apaziguar a mãe. – Ah, como você quer que eu esteja? A minha perna me dói...

A mãe se lamenta interminavelmente. Um rancor indomável se apodera de Marianne. A mãe sempre tem tempo suficiente para se lamentar, pensa ela, mas nunca pergunta como *eu* estou passando. Eu sempre tenho de estar bem. – Filha, já está na hora de você aparecer por aqui – Marianne ouve sua mãe dizer. O tom subentendido nessa frase é de pura reprovação. – Ah, mãe – diz Marianne em pânico –, você sabe que nas próximas semanas não vai dar. Estamos fazendo balanço na firma; e eu fico doze horas no escritório. No fim de semana preciso ter um pouco de sossego. – Marianne espera que a mãe lhe dê trégua. – Já sei – diz a mãe num tom de voz magoado –, você não se importa com seu pai e comigo. Melhor seria se estivéssemos mortos. – Silêncio sufocado na extremidade da linha. Marianne conhece bem isso. Agora a mãe apela para as glândulas lacrimais. Ira e medo misturam-se em Marianne. – Mãe – diz ela energicamente –, eu não admito que você estrague o meu domingo. Não agüento mais ouvir suas lamúrias. É sempre a mesma coisa. Eu me pergunto o que, afinal, você quer de mim. Eu não sou responsável por todo achaque que vocês têm. – Marianne está aos brados. A mãe se prepara para o rebate. – Isso é modo de falar comigo? Eu ainda sou sua mãe! Chegue à minha idade e então vai se arrepender de me ter insultado desse modo. De qualquer maneira, eu não vou viver muito mais. Então você terá o seu sossego. – Silêncio na linha. Marianne ouve a respiração ofegante da mãe. – Ouça, mãe, vamos esquecer este assunto. Eu vou lhes fazer uma visita assim que tiver mais tempo na firma, está bem? Preciso desligar agora e desejo um bom domingo a vocês. – Marianne procura melhorar o ânimo da mãe. Ela está treinada nisso. Em parte, a mãe se deixa apaziguar. – Você é quem sabe. O meu coração não está bem. Eu mal consigo respirar. É provável que ainda tenha um ataque do coração. O dr.

Müller disse que eu não posso me alterar. Mas eu sempre tenho que passar raiva por sua causa. – Silêncio na outra extremidade. Marianne finalmente quer colocar o fone no gancho, em paz. – Então está bem, mãe, não se irrite. Pense em alguma coisa bonita. Eu gostaria de desligar agora. Então, dê lembranças ao papai. Tchau. – Até domingo que vem – diz a mãe e desliga rapidamente. Marianne joga o fone com força no gancho. Até domingo que vem! Então começará tudo de novo. Mas pelo menos durante a semana ela terá sossego.

Marianne tem o mesmo problema que muitas outras mulheres "amáveis demais". A armadilha dos sentimentos de culpa e rancor as mantém aprisionadas.

Essa armadilha entra em ação toda vez que dois princípios antagônicos de comportamento se defrontam. Marianne parte do princípio de comportamento: eu gostaria de ligar para minha mãe quando tiver vontade. Ao mesmo tempo, preserva outro princípio: gostaria de agradar a minha mãe. Como a mãe nutre expectativas de severidade e rigidez em relação ao comportamento da filha, Marianne tem de se decidir por um dos princípios, rejeitando o outro. Se a mãe não fizesse tantas cobranças, não surgiriam problemas nessa questão.

Tampouco surgiriam problemas se a filha não se envergonhasse do seu ressentimento. Pelo menos não visivelmente. Tal filha teria ligado às onze horas em ponto e teria acolhido compreensivamente todas as reclamações e lamúrias da mãe. Antigamente, Marianne também fazia isso. No decorrer dos anos, porém, ela se tornou mais confiante em si mesma, mais corajosa. Então a ira se manifestou por causa das expectativas rígidas da mãe, das quais ela não abdica. Desde então instauraram-se o mal-estar de domingo, o desagradável andar furtivo ao redor do telefone e o sentimento de estar irremediavelmente presa.

Não só as mulheres "amáveis demais" sofrem com sentimentos de culpa latentes ou declarados. A teóloga feminista Christa Mulack escreve: "O que quer que as mulheres façam ou deixem de fazer, o que quer que elas pensem e sintam, desejem e sonhem, os sentimentos de culpa são seus companheiros constantes ... seja na carreira profissional ou na família, no relacionamento com o marido ou na educação dos filhos, parece não existir um papel feminino e nenhuma fase da sua vida, nenhuma posição e nenhum projeto de vida que não seja marcado pela tendência da mulher para sentir-se culpada".[17]

Se observarmos as mulheres, teremos essa confirmação. As filhas se imaginam responsáveis pelos sentimentos das mães e sentem-se culpadas quando cortam o cordão umbilical. As mães profissionalmente ativas sentem-se culpadas porque pensam que estão "negligenciando" os filhos. As donas de casa se sentem culpadas porque oneram o bolso do marido. As mulheres emancipadas se sentem culpadas porque não são suficientemente atraentes para os homens.

Mas não precisam ser assuntos tão "graves". As bem disfarçadas armadilhas de culpa e rancor são armadas diariamente, nas situações mais sutis.

Marianne: – Um dia desses, eu e uma amiga fomos a uma grande cidade das proximidades fazer compras. Eu havia levado muito dinheiro em espécie, pois pretendia comprar algo especial para vestir. Minha amiga não queria gastar muito. Ela ganha menos e precisa economizar. Fomos de loja em loja, olhamos tudo e não compramos... nada. Depois de duas horas, percebi que tudo o que ultrapassava determinado limite era "caro" demais. E tudo o que era acessível parecia "barato". Fui ficando cada vez mais insatisfeita. De certo modo, eu estava com um "bloqueio de compra". Refleti se não havia sentimentos de culpa em relação à minha amiga. Eu tive de admitir que sim, mas esse não era o principal motivo do meu bloqueio. Descobri que eu não "podia" comprar nada caro para mim. Assim que algo caro me agradava, eu já começava a ficar com a consciência pesada. Então me lembrei de que meus pais sempre tiveram que economizar muito e que minha mãe jamais poderia ter comprado roupas tão caras. Ao chegar a essa conclusão e ao comentá-la com a minha amiga, senti-me muito melhor e ainda achei um pulôver que tinha uma boa aparência, mas que não era tão caro. Uma hora antes eu não teria "visto" esse pulôver, pois teria me parecido caro demais.

Os sentimentos de culpa vinham à tona com as roupas caras; o ressentimento e a rejeição, com as roupas baratas. O que ela "podia" gastar eram bagatelas. Marianne não decidia por ela mesma o que eram "bagatelas". As normas da mãe estabelecendo o que era uma "bagatela" (algo muito bom e barato) haviam sido assimiladas por Marianne, inconscientemente. Somente quando ela conseguiu esclarecer isso pôde decidir por si mesma quanto valia um determinado pulôver.

Recentemente, visitei uma família que festejava um aniversário. A menina havia sido presenteada com um saquinho de bombons. Ela o abriu e ofereceu os bombons a cada adulto. Eu podia notar que a criança esperava que ninguém se servisse. Se todas as pessoas presentes tivessem aceitado a oferta gentil (demais), o saquinho logo ficaria vazio e não teria sobrado nada para a menina. Provavelmente, ela teria sentido rancor e amargura. Se, porém, não tivesse oferecido, teria se sentida culpada.

É difícil, para aquele que se vê preso entre a culpa e o ressentimento, tomar decisões. Cada limitação imposta pelos outros, cada caminhada solitária, gera novos sentimentos de culpa.

Toda submissão e toda lealdade geram ressentimentos. Por trás do rancor e dos sentimentos de culpa escondem-se medos secretos. Por trás da superassimilação das normas dos outros, que secretamente geram raiva e ressentimento, está o medo da perda do amor, da solidão, da separação. O medo de ficar sozinha, o medo do *distanciamento*. Por trás da caminhada solitária, da limitação que resulta em sentimentos de culpa, está o medo de ser anulada, tragada; o medo de nunca mais poder impor limites, de ser obrigada a deixar que façam tudo conosco. É o medo da *proximidade*. Assim, tanto a proximidade quanto a distância das outras pessoas nos causam medo. Se observarmos ambos os medos como pólos extremos, perceberemos que a armadilha da culpa e do rancor nos faz errar entre os dois pólos como um fugitivo em terra de ninguém.

Se nos sentimos solitários e carentes, procuramos mais proximidade, solicitude e contato. Mas a proximidade causa nas mulheres amáveis demais o medo de se anular. "Temos" quase de nos deixar anular. Surgem então a ira e o rancor. Isso nos leva ao distanciamento, à rejeição. A rejeição gera sentimentos de culpa, o medo de ficar sozinhas. Quando os sentimentos de culpa e o medo se tornam insuportavelmente fortes, buscamos novamente a proximidade. E assim sucessivamente.

Esse oscilar entre os dois pólos do medo cria uma enorme inquietação na vida. Quando ambos os pólos estão muito próximos, sentimo-nos continuamente mal, porque não existe mais nenhum espaço livre de rancor e de sentimentos de culpa.

Se a menina com os bombons tivesse tido a "permissão" de ficar, a princípio, com pelo menos a metade do saquinho, a divisão teria sido muito mais fácil para ela. Então ela teria encarado o fato com mais calma.

Podemos dividir com calma quando não temos o direito de nos pronunciar e os outros podem se servir à vontade? Quando todos os outros vêm em primeiro lugar e o que nos resta é ficar com as sobras? Certamente que não.

Na armadilha da culpa e do rancor os dois pólos do medo estão de tal modo próximos um do outro que disso resulta uma insatisfação crônica. Quando não se pode "ficar quieta" nem se "pode" impor limites (distanciamento), o resultado é o desamparo e a depressão. Até aí a armadilha da culpa e do rancor é um fenômeno do desamparo aprendido. Se eu não posso impor limites nem me defender, então como os cães de Seligman, eu apenas posso deixar que tudo aconteça comigo. Só que essa armadilha é um tanto mais complicada do que os experimentos com os cães. Quem está preso nessa armadilha viveu, quando criança, a experiência da proximidade como o estar quieto e ser manipulado. E só conhece a independência e o livre-arbítrio ligados a sentimentos de culpa.

Exatamente esse é o dilema das mulheres amáveis demais. Na segunda parte deste livro, examinaremos mais detalhadamente como se chega a essas constelações.

Veremos quais os mecanismos familiares que nos pressionam a nos inserir nos moldes do "ser amável demais". Quais as metas da educação das meninas que ainda assombram as mentes em geral não nos chegam mais à consciência no cotidiano.

Para decidir o quão amáveis desejamos ser, precisamos aprender a identificar a cilada e saber esquivar-nos dela.

Então poderemos ainda ser amáveis, se assim o desejarmos, mas não seremos "obrigadas" a sê-lo. Os sentimentos de culpa não nos apanharão mais.

PARTE II

O Sentido de "Ser Amável"

1

Os dez mandamentos do "ser amável"

O comportamento adequado, o comportamento de apaziguamento, a autonegação, a falsa lealdade, o desamparo e a impotência, naturalmente têm suas raízes. Mulheres amáveis demais foram crianças sensíveis e inteligentes que perceberam com nitidez quais eram as atitudes e as qualidades de que necessitavam para sobreviver, dentro da própria família. "Sobreviver" não significa apenas sobreviver fisicamente, mas, antes de tudo, psiquicamente. "Sobreviver" significa assegurar uma boa posição dentro da hierarquia familiar. Significa escapar ilesa da turbulência dos litígios familiares. Significa atrair para si o menor número possível de agressões. Significa ser necessária à família – de fato ou emocionalmente.

As mulheres amáveis demais introjetam normas comportamentais e regras, direta ou indiretamente prescritas, que funcionam como mandamentos que elas seguem, consciente ou inconscientemente. Quem quiser questionar essas regras, tem primeiro de observá-las com clareza e apreender nitidamente o seu sentido.

1º Mandamento: Seja sempre amável

Por trás desse mandamento esconde-se, acima de tudo, o sorriso cortês. Segundo a psicóloga Ute Ehrhardt, ele pertence à "linguagem corporal submissa". Assim classificam-se também o modo "feminino" de sentar, de pernas fechadas e cotovelos encolhidos para economizar espaço e o modo "feminino" de andar, de passos curtos e os quadris encaixados. Ute Ehrhardt descreve isso de modo bastante adequado: "As mulheres, constrangidas, afastam o cabelo da testa, cruzam e descruzam as pernas, sorrindo inquietas, timidamente arrumam a saia, passam, sem graça, a mão sobre as coxas. Elas querem mostrar que são gatinhas ronronantes que jamais usarão suas garras".[18]

Sorrir, ser solícita, não demonstrar o que realmente se pensa, isso em geral se entende como falsidade. E, de fato, mulheres amáveis demais não são autênticas; são mulheres "falsas". O que a aparência falsa deve refletir? O sorriso deve sinalizar: eu sou inofensiva. Você não precisa ter medo de mim. Por favor, considere-me amável e goste de mim.

O medo, que nos leva a ser "sempre amáveis", é o medo de não ser querida. O medo de não ser querida por *todos*.

2º Mandamento: Não reivindique nada para si mesma

Esse mandamento é especialmente complicado, pois implica que se pode, perfeitamente, exigir algo para os *outros* (filhos, marido, pais etc). Mas se eu não posso reivindicar nada para mim mesma, quem é que o fará? Quem se coloca sempre em último lugar e sempre perde ficará muito frustrado. E o que faz alguém que está frustrado?

Reclama, lamenta-se e gera sentimentos de culpa.

Por trás do mandamento "não reivindique nada para si mesma" está implícito o seguinte: "contente-se com o que tem". Se não posso reivindicar nada para mim mesma, fico na dependência de conseguir algo pela manipulação, pela astúcia, pela traição.

Geralmente, as mães de mulheres amáveis demais já seguiam esse mandamento. Elas não podiam dizer: "Eu gostaria de passear hoje. Você vem comigo?" Elas tinham de perguntar: "Você gostaria de dar um passeio?" Se a resposta fosse afirmativa, elas se "sacrificariam" e iriam junto. Essas mulheres sentem-se permanentemente exploradas, e realmente o são. Elas são sempre a vítima.

"A mulher ideal", escreve a psicoterapeuta Charlotte Kasl, "nunca pensa em si mesma. Ela é a mãe dedicada e coloca o marido sempre em primeiro lugar. Ela é um anjo, é paciente, gentil e nunca se queixa."[19]

A mulher ideal do patriarcado é aquela disposta a se sacrificar. Nossa sociedade tem substancial interesse em que as mulheres sejam e continuem sendo boazinhas e amáveis e reivindiquem pouco para si. Aqui se escondem algumas armadilhas que examinaremos melhor em "Despretensiosa, tradicional e pura", na página 130.

A mulher que não pode exigir deseja passar uma imagem de mulher generosa, atenciosa e sem necessidades próprias.

O que a leva a suprimir os próprios anseios é o medo de ser considerada egoísta, indiferente, ávida, exigente e descarada.

3º Mandamento: Não fique em evidência

A mulher deveria aparecer apenas três vezes no jornal, dizia-se antigamente, na Inglaterra: por ocasião do nascimento, do casamento e da morte.

Uma mulher boazinha e decente devia manter-se retraída. Ela representava o espírito, sempre servil, em segundo plano. A mulher devia manter-se em silêncio na sociedade, como dizem alguns católicos ainda hoje.

– Do jeito que você vive andando por aí, o que os vizinhos vão pensar? Isso ouviam muitas mulheres amáveis demais quando crianças e adolescentes. Sim, o que realmente os vizinhos vão pensar? A família queria apresentar uma determinada imagem aos vizinhos: a de família modelo. E como devia ser a filha da família modelo? Amável, discreta, boazinha. Antigamente, eram as prostitutas que se faziam chamativas e se vestiam com cores berrantes. Uma mulher "decente" preferia usar cores neutras. Tudo o que era chamativo era tratado com desprezo, quando vinha de uma mulher. Mesmo a evidência positiva era negativa para mulheres. Ainda nos anos 70, colegiais americanas faziam propositadamente trabalhos finais piores do que os dos rapazes, para não prejudicar suas chances de casamento. Que mulher quereria fazer uma prova final melhor que a do marido? E ainda hoje não são todas as mulheres que querem ganhar mais que os maridos.

A mulher que saísse do seu papel era tida como inconveniente. Uma mulher devia saber se comportar.

A mulher amável demais protege-se do desprezo e da desaprovação do seu meio atrás da imagem de mulher discreta. O medo de aparecer é o medo do desprezo. Ela não consegue suportar o desprezo, porque ele lhe causa vergonha. E a vergonha dói de modo insuportável.

4º Mandamento: Esteja sempre disponível

Deixe as coisas do jeito que estão e esteja sempre disponível quando alguém quiser algo de você. Qualquer coisa é mais importante que os seus próprios interesses. Foi isso que as mulheres amáveis demais aprenderam. Os outros fazem as regras; a mulher amável demais as segue. Mas pode ser ainda pior. Onde as regras exteriores não alcançam, ela segue as regras interiorizadas. Quando o marido não sabe por onde andam o prendedor de gravata e as meias, quando as crianças estragam o caderno de matemática ou quando o chefe está de mau humor – a mulher amável demais procura, acha, consola e aconselha. Com isso ela se torna cada vez mais poderosa e sempre mais estressada. Naturalmente ela não pode usar esse poder para "abusar" em interesse próprio! Ela deve tão-somente colocar seu poder a serviço dos outros. Mulheres que estiveram disponíveis para os outros durante muito tempo são inclinadas a se tornarem imprescindíveis. Elas se lamentam, então, dizendo que nem o marido nem os filhos as ajudam no serviço doméstico. Mas ai deles se ousarem ajudá-la. Não, isso não está suficientemente bem-feito. De certa forma, ela tem de ter tudo sob controle, ou nada sai a contento. Chega um tempo em que ela faz tudo sozinha e a família fica cada vez mais preguiçosa. Será que ela quer isso?

"O esforço exagerado de ser prestativa é, na maioria dos casos, sinal de que as mulheres têm um medo excessivo da rejeição – ou de serem consideradas supérfluas e substituíveis pelo seu meio", escreve a psicoterapeuta americano-mexicana Clarissa

Pinkola Estes.[20] Quem é supérflua e for substituída, estará novamente sozinha. Por isso, o vento sopra também no 4º mandamento do ser amável demais.

5º Mandamento: Seja sempre previsível

As mulheres amáveis demais em geral falam rápido demais e coisas demais. Pense no exemplo da mulher ao computador, atrás da qual está o chefe, e como ela imediatamente começa a esclarecer e a justificar em que está trabalhando. As mulheres amáveis demais não podem ter segredos, não podem decidir sozinhas o que contar e para quem contar. Elas não podem ter vida própria, tampouco decidir com quem partilhá-la. Essa coação de se justificar também caracteriza um gesto de submissão. "Seja como os outros", dizia freqüentemente a mensagem da casa paterna. Esses "outros" eram sempre os chamados "exemplos", quer dizer, os bonzinhos, os prestativos e os aplicados. Os que faziam o que se esperava deles. Ser previsível significa não querer de repente emigrar para a Austrália, não resolver estudar aos 40, não abandonar marido e filhos, não tirar carta de motociclista, não empreender uma viagem de volta ao mundo com uma amiga e não se demitir do emprego detestado. Ser previsível significa fazer sempre tudo como os "outros" fazem, e continuar levando a vida como sempre foi.

Mulheres previsíveis contam tudo para as pessoas erradas e fazem perguntas demais com a conotação: "Assim está bom?"

E o que elas esperam em contrapartida? A previsibilidade é uma questão de permuta. Se eu me abrir totalmente para você, você não deve me prejudicar e sim, ajudar-me. O medo, do qual a mulher amável procura se esquivar com a previsibilidade é o medo de ser considerada caótica, leviana, arbitrária e arrogante. É o medo de ser rejeitada e marginalizada por essas qualidades.

6º Mandamento: Seja compreensiva com todos

"Muitas mulheres são de tal modo sensíveis, que percebem a menor oscilação de humor no ambiente. Elas lêem a linguagem corporal das outras pessoas como um livro aberto e depreendem, a partir das menores variações do timbre de voz e da expressão facial, o que os outros estão pensando", escreve Clarissa Pinkola Estés.[21] Isso não seria motivo para inquietação. Contudo, quando a mulher, sob coação, *tem de* satisfazer a todos os anseios percebidos, ela está numa armadilha.

Por que a mulher não pode ter compreensão e permanecer firme nessa questão? Porque de outro modo ela se sentiria uma traidora. Como no mandamento da previsibilidade, em que a mulher amável demais espera compreensão do seu meio, ela está preparada, por sua vez, para levar essa compreensão aos outros.

"Eu não gosto de ver os outros sofrendo", dizem então as mulheres amáveis demais. E ajudam. Mais uma vez.

E a conseqüência é sempre mais trabalho, que é aceito como natural pelos outros. A conseqüência é estar queimada, a síndrome de estar calcinada. As mulheres compreensivas que exercem uma profissão social são especialmente atingidas: educadoras, enfermeiras, médicas, assistentes sociais, psicólogas, terapeutas ocupacionais, fisioterapeutas.

Mas também as mães são atingidas por ela.

"Trata-se de quaisquer profissões ou papéis, cuja ajuda é esperada no sentido técnico (como cuidar, aconselhar, motivar, curar, proteger), mas também no sentido da dedicação emocional, que, em virtude de sua natureza profissional, não pode subsistir pela ausência de reciprocidade", escreve o pesquisador Matthias Burisch.[22] O superengajamento idealista inicial na profissão de auxiliar se transforma em desilusão quanto às próprias possibilidades. Sentimentos de desamparo, de sobrecarga, de depressão e culpabilidade para com o cliente ou paciente "ingrato" desembocam cada vez mais fortemente no beco sem saída de estar sendo consumida. As mulheres amáveis demais têm especial inclinação pelas profissões sociais. E nessas profissões elas têm especial inclinação para consumir-se.

Externamente, elas gostariam de sempre representar a auxiliadora prestativa, compreensiva e generosa. Com essa imagem elas gostariam de evitar que os outros as considerassem egoístas, insensíveis e cruéis. Aqui, o ser amável torna-se uma experiência para granjear amor, consideração e simpatia.

7º Mandamento: Não se defenda!

Acima de tudo, a mulher amável demais não deve se defender dos diversos abusos que sofre. Ela não deve impor limites, tampouco oferecer resistência. Ela deve aceitar que se faça de tudo com a pessoa dela, deve realizar silenciosamente todas as pretensões alheias. Ela deve ser a perfeita dona de casa, amante, mãe, enfermeira e professora. Deve cuidar dos doentes da família, ser responsável pelo dia-a-dia e seus percalços. "A pamonha da casa, que é a guarda-costas de todos. Os outros membros da família vão e vêm quando bem entendem. Eu sou a estação de serviço, o posto de gasolina, no qual cada um se serve gratuitamente", assim se expressou certa vez uma mulher. E da mesma maneira que um posto de gasolina acaba falindo quando os clientes deixam de "pagar", assim também a mulher amável demais quebra, quando não pode se abastecer em algum lugar.

Se não nos defendemos, ou melhor, se não podemos nos proteger de influências negativas, então temos de ficar quietos. Isso significa agüentar tudo, deixar algo desagradável sobrevir e esperarmos que a recompensa venha de algum lugar. Podemos nos "saciar" temporariamente comendo demais, bebendo demais, fumando, assistindo à televisão, jogando... Mas não nos saciamos de verdade. Fazemos um acordo agüentando tudo em silêncio:

Eu deixo você abusar de mim e, em troca, você não me abandona.

Incontáveis mulheres agüentam um relacionamento que não lhes faz bem. E esperam... elas acham que, se não se defenderem, tudo haverá de melhorar. Ao contrário. O terapeuta familiar Bert Hellinger disse numa palestra sobre o dar e o tomar nos relacionamentos: "Onde inocentes preferem sofrer a agir, em breve haverá mais vítimas e males do que antes".

Qual o significado disso? Hellinger é da opinião que o dar gera culpa; mas o tomar gera "inocência". Quando na Tailândia, pela manhã, os monges recebem alimentos dos passantes, os doadores é que agradecem, não os monges. Eles agradecem por poder fazer o bem. Imagine que alguém faz muito por você, mas se defende obstinadamente em lhe dar a possibilidade de uma "revanche". Como você se sente imaginando isso? Você se sente mal? Fica com a consciência pesada? Provavelmente teria sentimentos de culpa cada vez mais fortes, que em algum momento se transformariam em raiva e agressão.

Essa raiva e agressão muitas vezes não são compreendidas pelo "altruísta", que não se defende. Ao contrário, ele se desespera perante a ingratidão do mundo. Ele não compreende que as contas têm de estar mais ou menos equilibradas no relacionamento.

A mulher amável demais, que não se defende, gostaria de passar a imagem da mulher disposta a se sacrificar, da compreensiva e altruísta. Com essa atitude, ela gostaria de influenciar, a seu favor, a conta corrente do relacionamento, para ter o outro na mão. Com essa fiança ela se sente mais segura no relacionamento, partindo do princípio de que o outro ainda lhe "deve" algo.

8º Mandamento: Não facilite as coisas para si mesma

O sacrifício só é sacrifício quando tiver custado algo. Pode ser dinheiro, tempo, energia, sangue, suor ou lágrimas. Nos séculos passados, as pessoas empreendiam romarias a igrejas conhecidas quando haviam tido uma boa colheita ou finalmente haviam sido agraciadas com um herdeiro. Às vezes empreendiam essas romarias porque desejavam essas coisas. Então, por assim dizer, elas "pagavam" adiantado. E quanto mais se "paga", tanto mais se acredita ter direito sobre o fato de os desejos se realizarem. E tanto mais decepcionado se fica quando os desejos não se realizam.

Quando uma mulher amável demais torna as coisas difíceis para si mesma, ela nutre a secreta esperança, em algum lugar da sua mente, de que o seu sacrifício será recompensado. Mas em geral não é isso que acontece. Freqüentemente, o outro não sabia que se tratava de um sacrifício. Ele só percebe a contrariedade da mulher amável demais. Ela então se torna crítica, depressiva, temperamental, agitada. Ela xinga e se lastima. Tem a impressão de que tudo deveria ser mais fácil, mais simples. Ao mesmo tempo, se as coisas forem fáceis, ela terá sentimentos de culpa. Ficará com a consciência pesada se, durante as férias, ela simplesmente ficar deitada na praia e não visitar todas as atrações locais. Ficará com a consciência pesada se fizer tempo bom e ela estiver na frente da televisão, em vez de ficar ao ar livre. Ficará com a consciência pesada se tomar banho às três da tarde e não de manhã, como as outras pessoas. Ficará com a consciência pesada se perambular de pijamas no domingo à tarde. Poderíamos encher um livro inteiro com exemplos. Esse tipo de comportamento leva, amiúde, diretamente à depressão. Se encararmos as coisas do modo tão difícil, então às vezes ficamos com pena dos outros. Mas nós somos poupadas.

Do que gostaríamos de ser poupadas? De exigências externas? Nós não gostamos de ser desafiadas. Isso significa, concretamente, que não gostaríamos de continuar a amadurecer.

A psicoterapeuta Doris Wolf escreve que sentimentos de culpa nos rendem "vantagens" porque não precisamos, com isso, "desenvolver nossas próprias regras e normas, mas podemos continuar nos orientando por regras formuladas durante a nossa infância".[23]

O medo do pensamento independente parece ser aqui a força impulsionadora; o medo de ter de estabelecer as próprias regras e ser, por isso, desaprovada pelos outros.

9º Mandamento: Faça tudo com perfeição

Quando, no ano passado, visitei o castelo Lichtenstein, li o lema do conde Eberhard escrito em sua barba na parede. "Ou o certo ou nada".

Seria o conde Eberhard um perfeccionista? Não o sabemos. Talvez isso significasse que tudo o que ele fazia estava de acordo com o melhor do seu conhecimento e capacidade. Então ele não teria sido um perfeccionista. Entretanto, se as coisas que ele não dominasse bem de imediato não tivessem sido tentadas uma segunda vez, então a suposição de perfeccionismo se justifica. Os perfeccionistas têm de fazer tudo certo. Certo demais. Eles não impõem prioridades. Isso seria um comportamento "arbitrário". E eles não avaliam quanto tempo determinadas atividades "valem". Certa vez empreguei um estudante como pintor. Durante a minha ausência, ele deveria revestir a cozinha com papel de parede. Quando cheguei em casa, o trabalho estava pela metade. Boa parte do tempo havia sido gasto pelo estudante em revestir artisticamente uma tubulação de aquecimento que corria pela cozinha. Isso é perfeccionismo. Por trás disso está um medo muito grande. É o medo de não ser suficientemente bom, o medo de ser criticado, o medo de falhar aos olhos dos outros. Portanto, procuramos fazer as coisas de modo que ninguém possa pôr-lhes defeito. O preço, pagamos do nosso próprio bolso: *nossa* energia, *nosso* tempo. O esforço geralmente não compensa o resultado. Mas se deixarmos por menos, sentimentos de culpa, medo e vergonha vêm à tona. E não podemos suportá-los.

Tratando-se de perfeccionismo, procuramos manter o nosso ambiente sob comando, controlado, por meio de um comportamento perfeito. "Se eu fizer tudo certo, vocês não terão mais do que reclamar". Muitas mulheres amáveis demais tiveram pais que nunca puderam contentar. As exigências deles eram muito grandes e na maior parte das vezes, inatingíveis. Ainda assim, as mulheres amáveis demais procuravam agradar, tornando-se ainda melhores ("mais perfeitas").

O perfeccionista não dá para si mesmo tempo para experimentar as coisas, colher experiências e aprender. De certo modo, ele já deve saber fazer tudo certo. Se não sabe, sente-se envergonhado. Está claro que alguém que gosta de trabalhar minuciosamente e faz a coisa bem-feita ainda não é um perfeccionista. O perfeccionista age com base em seu medo e *tem* de ser perfeito. Sempre. E isso não é saudável.

10º Mandamento: Não tenha poder demais

"Muitos livros [...] sobre o poder das mulheres afirmam que os homens têm medo do poder feminino. Quando leio tal coisa, ponho a mão na cabeça e gostaria de gritar bem alto: "E o que acontece com milhões de mulheres que têm medo do próprio poder?", perguntou Clarissa Pinkola Estés.[24]

As mulheres associam o "ser poderosa" a um comportamento dominador, agressivo e autoritário. Mas elas não gostariam de impor sua vontade aos outros ou comandá-los. As mulheres têm padrões de comunicação diferentes dos dos homens. Expressando isso de modo simplificado, as mulheres gostariam de encontrar no diálogo um plano harmonioso e íntimo com seu interlocutor. Os homens tendem a interromper mais rapidamente a conversação, não importando se o outro é inferior ou superior a eles. Não se demonstram "fraquezas", mas sim "poder". Os homens têm hierarquias, enquanto que a mulheres se atêm à lei não escrita de que nenhuma delas pode ser "dominadora" demais.

"Quando um homem demonstra sua capacidade de realização, sua lógica, sua objetividade, sua competência e seu poder, ele aumenta o seu valor como homem. Quando uma mulher demonstra sua capacidade de realização, sua lógica, sua objetividade, sua competência e seu poder, ela se arrisca a solapar seu valor como mulher."[25]

Não faz muito tempo, ainda valia a máxima: "Mulheres obedientes são boas mulheres".

As mulheres "más", arbitrárias, tiveram uma vida difícil durante milênios. Foram queimadas como bruxas até o século 18; elas foram (e ainda são, na Arábia Saudita) apedrejadas como adúlteras; e foram, entre nós, açoitadas publicamente como mães solteiras, ainda no final do século 18.

Hoje vivemos melhor. A imposição de limites, olhares de esguelha e desprezo ainda existem, mas por sorte temos a possibilidade de fazer amigos que nos apóiam e nos fazem bem.

As mulheres têm muito poder. Não, isso não é um erro de impressão. Em toda parte onde assumimos responsabilidade, em todo lugar onde ajudamos, ensinamos, cuidamos, apoiamos, limpamos, lavamos, cozinhamos, fazemos compras, motivamos, consolamos, servimos e trabalhamos, nós temos poder. Os outros são dependentes de nós. Usamos esse poder e não gostaríamos de "abusar" dele. Receamos parecer despóticas, arrogantes e superiores. Tememos não ser mais amadas e ser rejeitadas por essa atitude. E por isso o mandamento "não tenha poder demais" cai tão bem.

Conclusão: "Não nos faça passar vergonha"

As normas e regras são elaboradas a fim de permitir a convivência sem atritos de várias pessoas num espaço determinado. Poderíamos dizer, então, que as regras são úteis para todos. Em toda sociedade existem os poderosos e os menos poderosos. Na vida pública, há milênios as mulheres são menos poderosas do que os homens. Esse fato também age sobre as regras. Os poderosos fazem regras para manter os menos poderosos sob controle. E como se controlam as mulheres? Dando-lhes muito o que fazer. Instigando-as umas contra as outras (concorrência feminina), para que não se forme nenhum tipo de solidariedade. E desprezando tudo o que as mulheres fazem para si mesmas. Pais educam seus filhos – mesmo que freqüentemente isso não seja consciente – para viver em uma determinada forma de sociedade. Muitos pais aceitaram de seus próprios pais normas e regras que nunca questionaram.

No meu formulário, perguntei às mulheres que exemplo de mulher suas mães lhe haviam passado.

As filhas consultadas tinham idade entre 20 e 47 anos. Por conseguinte, as mães tinham entre 45 e 65 anos de idade, a geração da guerra e do pós-guerra. Quase todas as mães haviam transmitido às filhas que os homens são superiores às mulheres e que as mulheres devem se subordinar, pois são financeiramente dependentes deles. As filhas consideravam suas mães mal-orientadas, tolerantes, trabalhadoras, ativas e devotadas. Elas perdoavam quem "se matava de trabalhar, o provedor da família", assumiam suas decisões junto com ele e cuidavam dele com comida, sexo, roupa limpa e carinho.

Elas eram boas donas de casa (limpas, ordeiras, boas cozinheiras) e sabiam se comportar decentemente. Eram humildes, não saíam sozinhas, quase não tinham amigas e concentravam-se totalmente na família. Eram sexualmente inibidas, esforçando-se, contudo, por parecer atraentes para "segurar o marido".

Do mesmo modo, inquiri sobre o exemplo ideal de mulher para essas mães. Aqui houve divergências: várias mães achavam certo fazer o marido de mantenedor da casa e se sacrificar pela família. Outras tinham uma imagem ideal, na qual a mulher, além de ser uma perfeita dona de casa, ainda podia ter algum "ganho extra". De qualquer modo, a mulher devia ter um corpo proporcional, ser bonita, ter um marido que ganhasse bem e, na medida do possível, filhos bem-sucedidos. Além do mais, o marido devia ter condições de "oferecer" uma casa própria para a família.

Perguntei então às mulheres que eram tratadas com consideração pela família. Suas qualidades eram semelhantes àquelas da imagem da mulher ideal: elas deviam ser ativas, submissas, amáveis, gentis, inteligentes. A pergunta mais interessante era a pergunta dirigida às mulheres desprezadas. Aqui as opiniões divergiam ao máximo. Enquanto em algumas famílias as "mulheres burras", "sem qualificação profissional" e "dependentes" eram desprezadas, em outras famílias o desprezo era para as mulheres independentes "demais", que tomavam as próprias decisões. Mulheres masculinizadas, lésbicas, feministas, voluntariosas e vulgares ("maquiagem demais e minissaia") eram desprezadas e também as mulheres que eram tolerantes demais ou aquelas que abertamente corriam atrás de homens. As donas de casa casadas desprezavam mulheres independentes, que criavam seus filhos sozinhas. Mulheres que viviam sozinhas desprezavam a dependência financeira das donas de casa. – Eu acho que mulheres casadas, que são submissas e dirigem bem uma casa, são dignas de consideração. Mas elas são igualmente passíveis de desprezo por causa de sua dependência. Quando as mulheres são independentes demais, dizem que elas negligenciam a família e que só vivem para sua própria diversão. Portanto, não importa o que a mulher fizer, ela nunca estará certa – assim definiu uma mulher essa questão.

A mensagem é perturbadora.

As mulheres devem ser independentes – quando isso diminui os encargos do marido.

As mulheres devem ser submissas – quando isso traz vantagens para o marido e os filhos.

Elas devem demonstrar segurança – quando com isso protegem seus filhos.

E quem cuida para que a mulher não seja passada para trás? A própria mulher? Ainda veremos que a mulher espera isso dos seus filhos.

É interessante verificar também que um grupo de mulheres *despreza* o outro, em vez de sentir *pena*.

Esse desprezo entre elas exprime o desprezo geral das mulheres, que talvez remonte à sedutora Eva do paraíso. Nesse sentido, as igrejas ajudaram com o óbvio. Elas execraram o prazer antes do matrimônio e criaram o complexo da santa-prostituta, declarando o sexo como pecado quando este não era usado como meio de procriação da Humanidade.

Ser alvo de desprezo causa vergonha. Quem já é desprezada pelo fato de ser mulher procura reduzir essa vergonha. Evitá-la totalmente, contudo, nenhuma mulher consegue.

Mas as mulheres receberam a mensagem de que a vergonha podia ser minimizada:

"Sejam úteis e não envergonhem seus pais nem seu marido".

2

Uma família unida... com problemas herdados

A filha ideal: prestativa e fácil de lidar

Vergonha e sentimentos de culpa minam a resistência. Eles deprimem e paralisam. Fazem desaparecer o ânimo e o espírito de luta. Tornam a pessoa dócil e amável demais.

A vergonha e os sentimentos de culpa vêm da família, da educação. Vêm de normas e regras estabelecidas e ocultas que os pais transmitiram aos filhos. Como para as meninas valem regras diferentes das que valem para os meninos, devemos – para rastrear o nosso "ser amável demais" –, antes de mais nada, identificar os desejos encobertos, implícitos dos nossos pais. Nossos pais queriam que fôssemos de um determinado jeito. Isso é normal, e é assim em todas as famílias. Ninguém quer que seus filhos sejam infelizes, que fiquem doentes, desempregados, dependentes de drogas ou álcool. A maioria dos pais deseja que seus filhos se tornem eficientes diante da vida, que possam se sustentar como adultos, que encontrem a profissão certa, na qual se sintam bem e em que possam empregar seus talentos, que encontrem parceiros com quem se dêem bem, que constituam uma família ou, mesmo se sozinhos, que vivam bem. Tudo isso é normal e saudável. Os pais também devem sentir orgulho de seus filhos.

"O problema não está no fato de os pais sentirem orgulho do filho, mas no fato de eles projetarem nele, por meio de suas realizações, a própria falta de orgulho", diz a psicanalista Bärbel Wardetzki.[26]

E este é o ponto-chave: freqüentemente os próprios pais estão cheios de vergonha e complexos de inferioridade. Os filhos devem valorizar e honrar os pais. Pelo seu comportamento amável, eles primeiramente chamam a atenção por seu modo agradável. São atenciosos, gentis, cumprimentam os vizinhos, dizem por favor e obrigado. Eles são esforçados e obedientes na escola. Isso isoladamente também não é grave. Só se torna grave quando o comportamento amável se torna forçado e a criança esquece quais são seus próprios desejos e anseios. Ela tem de demonstrar determinadas qualidades exigidas pelos pais. A criança recebe uma função. Assim como Gudrun. Gudrun tem 28 anos de idade e é professora de artes. Há três anos ela vive com um africano. Este, Gudrun caracteriza rápida e conclusivamente com três conceitos: arredio ao trabalho, beberrão e lascivo. Gudrun sabe que esse relacionamento não tem "futuro", e "gostaria" de se separar dele. E isso ela já tentou muitas vezes – mas não agüentou muito tempo sem ele. Também profissionalmente Gudrun é amável demais. Ela sempre substitui os colegas em caso de doença. Vai à escola, apesar de fortemente resfriada ("eu não posso deixar os colegas assim") e cuida de tudo. Ela está acostumada a isso. Eu pergunto a

Gudrun do que seus pais gostavam nela quando criança. – Meus pais achavam demais que eu tirasse boas notas no colégio. Eles nunca tinham de me ajudar ou de supervisionar minhas tarefas de casa. Eu era discreta e confiável. Eu fazia os trabalhos dos quais meus dois irmãos fugiam. Espontaneamente. Eu ajudava muito em casa e no jardim, o que, naturalmente, era do agrado da minha mãe. Meus irmãos pareciam dois maloqueiros e arranjavam muita encrenca em casa. Então, pensei: já que eles causam tantos dissabores aos meus pais, pelo menos eu tenho de ser boazinha. E meus pais me elogiavam muito. Também por eu ser muito caseira. Mesmo porque, eu não tinha escolha. Na escola eu não tinha amigas de verdade. Muitos gozavam de mim por eu ser gordinha. Mas como eu era boa e os deixava colar, eu tinha uma espécie de salvo-conduto. Eu deixava que aqueles de quem eu não gostava colassem. Ainda hoje me desprezo por isso. – Gudrun faz uma pausa. Eu continuo a perguntar: – E a seu ver, o que a sua mãe mais gostava em você?

– Eu acredito que era muito importante que minha mãe pudesse me contar tudo. Ela não tinha amigas de verdade e eu era a sua confidente. Além do mais, ela apreciava a minha ajuda nos afazeres domésticos.

– E de que gostava o seu pai?

– Quando o meu pai chegava do trabalho, eu lhe levava os chinelos e o jornal do dia. Então muitas vezes ele me chamava de sua "pequena serviçal". Eu achava essa expressão tão fora de moda! Não conseguia entendê-la direito. Mas decerto ele achava que estava fazendo um cumprimento. Não sei dizer do que mais ele gostava em mim. De modo algum ele me achava bonita. Ele também não podia ficar me exibindo. Ele só gostava muito de ir às reuniões da escola. Lá eu era muito elogiada e ele podia se gabar de minha fama. Fora isso, não consigo me lembrar de mais nada.

Pergunto a Gudrun sobre as atitudes ou qualidades que seus pais não apreciavam ou até desprezavam. – Bem, da teimosia e obstinação eles não gostavam de jeito nenhum. Também quando eu era muito exigente, por exemplo, na hora de comer, eles ficavam agressivos. Eu tinha de comer tudo o que estivesse no prato. O que, aliás, faço ainda hoje – diz Gudrun, apontando para sua barriga saliente.

– Quando eu questionava as regras deles, discutia e era atrevida. Ainda me lembro de uma bofetada do meu pai, quando eu tinha cerca de 12 anos. Ele me perguntou por que, ao tirar a mesa, eu só carregava dois objetos. Respondi que fazia isso porque só tinha duas mãos. Hoje eu diria que era despachada. Antigamente, isso era visto como atrevimento. E era duramente castigado.

Eu perguntei ainda a outras mulheres o que os pais apreciavam nelas. Por que razão as mulheres amáveis demais eram mais elogiadas? Não é difícil adivinhar: por serem boazinhas!

Elas eram elogiadas quando eram calmas, discretas, obedientes e imperceptíveis. Boas notas na escola eram sempre elogiadas, assim como ser extrovertida, amável, caseira. Elogiavam também quando as meninas sabiam se entreter sozinhas e não incomodavam ninguém. A prestatividade, o ser ativa eram muito apreciados. Tinham sempre em boa consideração as meninas que executavam espontaneamente serviços que lhes eram designados. Como pequenas serviçais.

Se as meninas não obedecessem, se não contassem tudo em casa, se questionassem regras e normas da família, se externassem abertamente sua raiva, atraíam sobre si xingamentos e críticas. Algumas eram desprezadas quando comiam demais, quando eram exigentes ("cheias de reclamações"), temperamentais e insatisfeitas. Também a curiosidade era julgada negativa! Assim como a iniciativa, a independência, a criatividade e a dificuldade de entendimento. Quando as meninas retrucavam ou queriam estar no centro das atenções, elas eram repreendidas. Algumas tinham, inclusive, de servir os irmãos e arrumar suas coisas. Não, eu não estou falando da Idade Média, mas de crianças dos anos 60 e 70 do século XX!

Um pecado grave para meninas era serem desordeiras e desleixadas. Elas tampouco deveriam solidarizar-se com um dos pais, mas sim, ser leal tanto ao pai quanto à mãe.

Respondendo à pergunta – que tipo de filha teria sido considerada ideal pela mãe – houve muitas respostas conclusivas. Além de ser amável, ativa e boa aluna, exigia-se, acima de tudo, que a filha sempre estivesse ao lado da mãe, que a paparicasse, que a ouvisse, que dividisse com ela as preocupações e que, na medida do possível, servisse como uma espécie de substituição do parceiro. Externamente, a filha ideal tinha de ser "apresentável". – Até a idade de 11 anos, quando recebíamos visita, eu tinha de fazer uma reverência – comentou uma mulher no formulário de perguntas.

As mulheres amáveis demais deviam ajudar as mães nas tarefas domésticas e de jardinagem. E ser ao mesmo tempo amigas, confidentes e obedientes serviçais. Para satisfazer as condições de suas mães, elas tinham de ser dóceis e úteis.

E os pais, como eles queriam que fosse a filha ideal?

Naturalmente também amável, obediente, apresentável e sem problemas – quem deseja que sua filha lhe traga problemas? Mas os pais das mulheres pesquisadas em geral deixavam mais espaço para a valentia, a independência, a opinião própria, a curiosidade e a inteligência. Alegria e respeito pelo pai eram positivamente contabilizados. Amiúde, mencionou-se no formulário de perguntas que os pais viam com desconfiança o relacionamento delas com meninos.

Os pais tinham como filha ideal um modelo um pouco diferente do das mães. Também para eles a filha tinha de ser útil e prestativa, contudo, ela podia se movimentar mais livremente dentro do estreito padrão imposto. Ela podia ser valente e corajosa. Está até parecendo agora que as meninas tinham mais liberdade por parte do pai. Elas conheceram pais mais enérgicos e menos medrosos que suas mães, mas também mais severos e autoritários. Os pais que incentivavam a independência e a coragem das filhas em geral eram pais que sonhavam com filho homem! Eles não estavam enfaticamente incentivando a inteligência e a superioridade de uma futura mulher, mas o sonho de ter um filho homem.

"Você deverá ter uma vida melhor"

– Meus pais passaram por muitas dificuldades na vida – conta Gudrun – pois ambos vinham de condições mais do que pobres. Quando chegou o primeiro filho, minha mãe acabara de fazer 19 anos e meu pai 21. Na verdade, eles não estavam suficientemente maduros para ter filhos. Minha mãe não tinha amigas. As outras mulheres a viam como uma concorrente. Ela ainda tinha duas irmãs que moravam aqui na cidade. Quando elas vinham para uma visita, só faziam reparar no que minha mãe servia, se estava tudo limpo, se estávamos com roupas bonitas e o que tínhamos de novo. Meus pais davam uma enorme importância ao fato de poder impressionar os vizinhos e os parentes. Eles queriam "parecer bem". Externamente, eles queriam parecer limpos, ordeiros, ativos. Foi exatamente isso que eles me transmitiram. Eles queriam – bem como a maioria das pessoas dos anos 70 – conhecer a prosperidade. Tinham que conseguir um carro, uma geladeira, uma cozinha modulada e um televisor. Quando, finalmente, meus pais haviam economizado para adquirir os bens de prestígio naquela época, e, orgulhosos, os apresentaram aos parentes, estes passaram a nos visitar cada vez menos. Eu acho que ficaram com inveja. Eles não conseguiam competir conosco. De tanto trabalhar, meus pais perderam a oportunidade de criar um círculo de amigos. Eles também não tinham *hobbies*. Quando, então, nos anos 70, eles resolveram construir uma casa totalmente sozinhos, as coisas pioraram ainda mais. Eles passavam todas as tardes e todos os fins de semana na construção. Nós, crianças, geralmente ficávamos lá. Nós ajudávamos ou então ficávamos à toa. Excursões, idas ao clube, férias – tudo cancelado. Nós estamos construindo a casa para vocês, eles diziam, quando reclamávamos. Queremos que vocês um dia tenham uma vida melhor. Nunca se falava sobre sentimentos. Estes a gente não precisava ter. Eles só incomodavam. Hoje ainda sinto pena da minha mãe, porque, além de mim, ela não tinha nenhuma alma com quem pudesse falar abertamente. Eu já percebia naquela época o quanto ela era solitária. E eu procurava ouvi-la com carinho e, na medida do possível, não lhe dar trabalho.

Perguntei a Gudrun o que significava para seus pais ter uma vida melhor.

– De certo modo, significava não ter de trabalhar tão duramente. Não ter de sujar as mãos no trabalho. Isso significava também ganhar mais dinheiro. Dispor de mais meios. Mas para mim, como menina, significava também arranjar "um bom marido". Infelizmente, o horizonte dos meus pais não ia além disso. "Ter uma vida melhor" significava simplesmente galgar um degrau mais alto que o deles. Não tinha nada que ver com trabalho autônomo ou liberdade sexual. Ou ter uma faxineira ou tirar férias três vezes ao ano ou viver um ano no exterior. Essas metas audaciosas não faziam parte dos pensamentos dos meus pais. Eu devia continuar a ser "decente" e com isso o conceito já ficava muito restrito. Existia apenas o padrão: dona de casa e mãe. Não havia o padrão: mulher profissionalmente ativa vivendo sozinha. Quando fui para a academia de artes, então, todos me consideraram louca. Meus pais me visitaram apenas uma vez no local onde eu estudava. Eles se envergonhavam de mim. Quando viram alguns de meus novos amigos, seus rostos se contraíram. Eu era uma moça decaída. Como eu me sentia não estava em pauta. Contava apenas a fachada para os outros. O que eles iriam dizer aos vizinhos e parentes? Eu só ouvia acusações; a vergonha e a raiva de meus pais era enorme. Eles tinham investido tanto em mim – e aí estava o resultado. Somente quando eu decidi ser professora de artes no ginásio é que a coisa melhorou. A situação se descontraiu. Agora, pelo menos, podiam apresentar uma professora para a vizinhança. E o amigo negro não precisava ir junto quando eu os visitasse. Ainda hoje minha mãe secretamente me dá, vez ou outra, algumas centenas de marcos, para que eu compre algo "decente" para vestir. Pois roupas bonitas também fazem parte da "vida melhor".

Como Gudrun, muitas mulheres amáveis demais vêm de lares cuja fachada brilhantemente polida é o mais importante. E a fachada só tem de ser polida quando muita vergonha espreita no plano de fundo. Se eu me envergonho porque sou desleixada, vou procurar parecer especialmente ordeira. Se eu me envergonho por ser burra, procuro provar a minha inteligência para mim e para os outros. Se eu me envergonho da minha pobreza, procuro me exibir para os outros e apresentar bens de consumo. Porém, se eu acreditar que pobreza, falta de conhecimento e desleixo não são desonra, posso lidar com isso de modo mais solto e não preciso ficar provando o contrário. Então serei exatamente como sou. Às vezes ordeira, outras não; às vezes burra, mas nem sempre. Pobre, mas satisfeita no momento.

Quanto mais forçada e impenetrável é a fachada, tanto mais transbordantes são os sentimentos de vergonha por trás dela.

Às vezes desejamos algo para nossos filhos que nós mesmos gostaríamos de ter tido. Uma mãe que não pôde estudar Medicina, porque para uma moça teria sido um "desperdício", agora empurra a filha para essa profissão. A filha, porém, prefere fazer marcenaria, o que provoca a incompreensão e o desprezo da mãe. Uma filha amável demais, contudo, estudaria Medicina, para não perder a consideração, o amor e a aprovação da mãe.

As mães que são malcasadas em geral desejam que suas filhas sejam profissionalmente bem-sucedidas, que não se casem e que não tenham filhos. Ou encontrem o genro "perfeito", que diz amém a tudo.

O genro bem-sucedido

O genro também tem uma função na família "unida" da qual a mulher amável demais procede. Muitas vezes essas famílias "unidas" são famílias tradicionais, conservadoras, às quais o genro terá de se amoldar.

Quando, há muitos anos, um jovem pedia a mão da filha ao futuro sogro, a pergunta, se ele tinha condições de sustentar a filha, era obrigatória. Quando as famílias eram predominantemente sociedades econômicas, o "arrimo de família" trazia o dinheiro para casa. Com base no *status* de provedor, o homem geralmente tinha mais "valor" na família. Atendo-se a essa tradição, de acordo com o pai e a mãe das mulheres por mim consultadas, o genro devia ser "profissionalmente bem-sucedido" e, na medida do possível, estar "bem de vida". As características mais citadas eram o dinheiro e a aparência. Também foram várias vezes relatadas como qualidades importantes a confiabilidade, a dedicação ao trabalho e a aptidão manual para um ofício.

O genro bem-sucedido tinha de sustentar a filha, honrar a família inteira com a sua posição, ser útil para resolver os pequenos incidentes do cotidiano (médico) e executar os pequenos e grandes consertos domésticos (aptidão manual). E ele devia manter a filha "sob controle". As mães desejavam um genro que desse continuidade às tarefas dos pais. Várias mulheres expressaram isso de modo contundente: – Ele deveria levar minha mãe e a mim na palma da mão. Desse modo, nenhuma das duas precisaria se tornar *independente*.

Enquanto as mães achavam imprescindível no genro a boa aparência e o amor pelas crianças, os pais imaginavam outra coisa. O genro ideal devia ser "profissionalmente bem-sucedido, determinado, próspero", ser um "genro que se pudesse apresentar, com casa própria e dinheiro", ser "sensato, econômico, de preferência engenheiro", "sensato, com uma profissão decente", "alguém que cuida bem de minha filha". Isoladamente, apareciam também respostas como "compreensivo" e "de fácil convívio". Os pais não desejavam tanto um genro que os levasse "na palma da mão" e que cuidasse deles, mas antes, um que fosse igual a eles.

Minha pesquisa, naturalmente, não é representativa, mas demonstra uma tendência. E essa tendência é insofismável: o genro devia ser sensato e sólido. Apenas uma mulher descreveu que sua mãe acharia importante que o genro fosse "bom de cama".

Eis que agora estamos escamoteando os "problemas herdados de ascendentes" das famílias unidas. Mas precisamos pesquisar ainda mais fundo, se quisermos compreender por que são as mulheres que se comportam de modo amável demais, adaptadas demais e submissas demais.

Despretensiosa, tradicional e pura

"Seja como a violeta no musgo: discreta, tradicional e pura – não como a rosa orgulhosa, que só quer ser admirada." Uma colega de classe escreveu esse adágio no meu álbum de poesias em 1960. Então, com 10 anos, eu não compreendi o que o verso queria dizer e achei que era uma tolice. Discreta, tradicional e pura. Somente muitos anos mais tarde, quando já trabalhava com mulheres amáveis demais, é que me lembrei dele novamente. A mulher amável demais é a mulher ideal dos séculos 18 e 19. Do século 20 também?

Apenas há cinco, seis anos, o estupro no casamento é considerado delito, na Alemanha. Antes disso, um homem "podia" pegar o que lhe pertencia "por direito". Havia a obrigação matrimonial para a mulher. No início dos anos 70, uma mulher só podia ser profissionalmente ativa se, com isso, não negligenciasse o lar e os filhos. O marido podia, sem sua anuência, pedir que a demitissem do emprego. Ele também tinha o direito de determinar sobre a moradia do casal. Ele podia dissolvê-la ou determinar que a família se mudasse para outro local. No direito do divórcio, havia o princípio de culpabilidade. Em seguida, o parceiro financeiramente mais forte era obrigado a dar pensão, se ele quisesse o divórcio ou se sua "culpa" pudesse ser comprovada. Somente em 1977 o Direito de Família foi modificado e a mulher não era mais legalmente responsável pelo lar, e o papel de arrimo deixou de ser exclusivo do homem.

Até 1953, o antigo Código Civil rezava: "A fortuna da mulher, adquirida através do casamento, será submetida à administração do marido".

Somente a partir de 1970 os filhos naturais passaram a ser considerados realmente como filhos do pai. Antes disso, eles eram meramente o *hobby* de mulheres de "conduta de vida imoral". Se o pai quisesse o pátrio poder sobre seu filho, ele tinha de casar-se com a mãe da criança.

A liberdade sexual tampouco ia longe. As igrejas esbravejavam contra o sexo pré-nupcial. O mandamento era chegar virgem ao casamento. O branco do vestido de noiva simbolizava a virgindade. O anticoncepcional só chegaria ao mercado em 1961.

Somente em 1958 é que as mulheres foram equiparadas aos homens, e isso na Constituição. Como é jovem a igualdade dos sexos! Em 1959 veio a decisão final: até essa data, o marido tinha a última palavra em todas as questões ligadas à guarda dos filhos. Quem ainda se admira de que os pais desejassem um genro bem-sucedido para suas filhas?

"Seja uma moça valente, fiel e simples. Traga Deus no coração, e não tema pessoa alguma", dizia um outro verso do álbum de poesia, com o qual uma colega me brindou.

Também esse adágio enfatizava (valente, fiel e simples) o ideal da discrição, do altruísmo e da tolerância. As qualidades da mulher amável demais eram muito requisitadas. Somente sendo submissa, ela poderia ser controlada. Mas cavemos ainda mais fundo. Até 1890 as mulheres não eram admitidas nas escolas. As mulheres deviam casar-se e não estudar. O dia do casamento era para ser "o dia mais lindo na vida de uma mulher".

A mentalidade vigente de que as moças "de qualquer maneira" vão casar mesmo e, portanto, não precisam de instrução cara, manteve-se nas camadas populares até os anos de 1970. E ela ainda assombra a cabeça de algumas pessoas. Quando uma mulher tinha um "provedor", ela não tinha mais "necessidade" de se sustentar. Assim, cabia encontrar um provedor adequado.

Levando em conta esses poucos indícios, torna-se claro que a repressão às mulheres vem de longa tradição e que todas as mulheres – amáveis demais ou não – tiveram seu quinhão. No decorrer das décadas muitas coisas mudaram, pelo menos aparentemente. Contudo, as formas sutis de pressão da adaptação ainda estão aí, à espera de serem descobertas e combatidas.

O medo materno da separação

O sentido do ser amável demais é a adaptação ao papel, ao papel da mulher que voluntariamente se sacrifica, obediente e altruísta. Nos últimos setenta anos, cada geração de mulheres se emancipou um pouco mais, tornando-se mais autoconfiante, voluntariosa e independente.

Imaginemos uma jovem mãe no final dos anos 60. Ela não "trabalha"; em vez disso, é dona de casa. Tem dois filhos pequenos e vive como se fosse viúva numa cidade satélite. O marido subiu graças ao trabalho e tem seu próprio negócio. Essa mulher é Magda H. (53 anos). Eu a conheci porque sua filha adoeceu de anorexia. Só então ela percebeu que algo não estava certo na sua família.

Quando Magda compreendeu que tinha sua parcela de culpa na doença da filha, ela começou a fazer psicoterapia. Depois de um ano de terapia, compreendeu melhor qual era o problema.

Magda foi para o casamento ávida por aprovação e amor; esperava receber do marido tudo o que havia lhe sido negado no seio da família. Mas o companheiro não pôde lhe dar o que ela esperava, pelo menos não na medida em que Magda precisava. Assim, coube à filha cumprir esse papel. Ela foi "narcisisticamente tomada" pela mãe, o que quer dizer, recrutada pelos interesses de Magda. A filha, Maike, fazia bem o seu trabalho. Ela lia nos olhos os desejos mais secretos da sua mãe e os realizava silenciosamente. Conveniente, não? O preço foi alto. Maike não desenvolveu uma independência adequada para sua idade e Magda igualmente não foi adiante no seu desenvolvimento. Por que ela deveria procurar amizades ou ocupar-se com um *hobby*? Ela tinha Maike. E a menina estava sempre pronta a realizar os desejos da mãe. Maike acreditava que não tinha outra alternativa.

É proibido substituir!

A proibição de separar-se da mãe, interior e exteriormente, para se tornar uma pessoa independente chama-se, em Psicologia, proibição de separação. O ser amável demais está ligado a esse mandamento de substituição. O ser amável dá ao outro a ilusão de que estamos ao seu lado, de que não estamos muito zangados e de que achamos, desejamos ou pensamos algo diferente. A proibição de separação está ligada ao desejo de simbiose. Uma simbiose (do grego: associação permanente de dois ou mais seres vivos, indispensável pelo menos a um deles, e útil ou indiferente ao outro) é, na Biologia, uma sociedade íntima de vida de dois seres que é útil a ambos. A mãe e o filho também formam uma simbiose no primeiro semestre de vida. O recém-nascido humano é muito dependente de cuidados intensivos. Vinte e quatro horas por dia, sete dias na semana. Para que a mãe realize esse "sacrifício", a Natureza dotou-a de um forte instinto materno. Todo o seu corpo reage ao recém-nascido. Ao mínimo ruído do filho e a mãe está completamente desperta. Quando ele chora, o leite lhe enche os seios. Quando ela está separada do seu querido por algumas horas, a saudade a impele a voltar. Porém, a condição para isso é que logo após o parto o contato mãe-filho seja íntimo e ininterrupto. Esse contato chama-se *bonding*. Se ele não se realiza, o recém-nascido torna-se um incômodo. Então ela o doa prazerosamente para poder "descansar". Ela o alimenta conforme o ritmo de quatro horas. Ela consegue ignorar o choro da criança. Os sinais do recém-nascido às vezes desencadeiam nela reações agressivas, porque o recém-nascido quer algo dela. Uma mãe, cujo contato com o filho se realizou, desfruta seu recém-nascido. Quase sempre. Ela ri e brinca com ele. O recém-nascido retribui e reconhece os seus cuidados. Ele a mantém de bom humor. Ele depende disso para viver. Se a mãe o abandonar, em caso extremo, ele morrerá. Por outro lado, a mãe deve suprir as necessidades do recém-nascido: o anseio por ser carregado no colo, por usar uma fralda limpa, por receber calor, calma, proteção contra estímulos externos exagerados. Depois de algum tempo, ela é capaz de representar a criança no pensar e no agir. A criança depende totalmente da mãe, e nessa fase a mãe pode curtir o filho.

Eu me lembro bem de quando levava meu filho ainda bebê para passear. Quase toda senhora de mais idade que encontrávamos pelo trajeto enfiava a cabeça no carrinho e fazia as perguntas obrigatórias: – Que idade ele tem? É menino ou menina? – E logo em seguida vinha a observação: – É uma bonita fase. Nessa idade, os filhos ainda pertencem totalmente à mãe.

E realmente, a contínua disponibilidade em atender às necessidades do recém-nascido e as noites passadas em claro são recompensadas com um sentimento maravilhoso: o sentimento da unidade com o filho. Isso é simbiose. Exatamente essa unidade está na mente da maioria das mulheres, quando elas desejam um filho. A gente nunca imagina, quando deseja um filho, o adolescente problemático e voluntarioso que ele se tornará, mas o encantador recém-nascido, com o qual (ainda) podemos fazer o que quisermos.

Na medida em que o recém-nascido adquire habilidades próprias e acréscimo de forças, ele precisará menos da mãe. Com três meses, ele mesmo poderá segurar objetos; com seis, ele se sentará sozinho; e, com sete, começarão a nascer-lhe os dentes. Com oito meses ele engatinhará para longe da mãe e com um ano começará a andar. A mãe já não deve ficar paparicando a criança, mas deixar que ela mesma faça as coisas que já sabe. Ela tem de soltá-la, deixar que ela tome iniciativa.

Com um ano e meio começa a fase da conquista do mundo. A criança já "sabe" alguma coisa: esvaziar estantes, puxar panelas do fogão, puxar a toalha da mesa, ligar botões. Ele "compreende" o mundo. Agora a mãe tem de lhe dar espaço, mas tem também de protegê-lo dos perigos. Se nessa fase uma criança ficar presa a maior parte do dia no andador, seu horizonte será restringido e suas capacidades motoras não serão as ideais.

Muitas vezes é difícil para as mães decidir se devem deixar o filho à vontade ou se devem protegê-lo.

Como mãe, oscila-se entre a superproteção e a negligência. Não existe um padrão objetivo de certo ou errado. A gente só vai saber mais tarde se foi liberal ou severa demais. Também a mãe pouco exigente tem essas dificuldades.

Mas o ponto crítico está em outro lugar. A criança se defende contra uma proibição de substituição, e a mãe deve *reconhecer* que o filho se defende.

A mãe tem o papel ingrato de instância social, que deve adaptar a criança às regras sociais. Por outro lado, ela gostaria de impor, na medida do possível, o mínimo de coação ao filho. Gostaria de deixar-lhe o espaço livre, mas ela também tem de proteger a criança, pois sua autodefesa é ainda insuficiente. Assim, diariamente, ela tem de realizar muitos pequenos compromissos. Se a criança se defende dos abusos da mãe enviando-lhe sinais ("sendo atrevida e voluntariosa"), a mãe deve questionar o próprio comportamento e, eventualmente, modificá-lo.

A mãe deve soltar a criança, mas ainda assim, oferecer-lhe um "porto seguro", para o qual ela poderá voltar a qualquer hora e onde poderá se "reabastecer".

Reabastecer-se significa receber amor, segurança e orientação, mas também limites e proibições. Isso acontece com maior facilidade quando os pais não precisam emocionalmente dos filhos com tanta urgência. Eis um exemplo:

O sol está muito quente lá fora. Meu filho de 7 anos e eu gostaríamos de ir ao clube. Ele corre para a casa do vizinho. Eles também estão se aprontando para ir ao clube. Eles querem ir de carro; eu, de bicicleta. Meu filho quer ir com os vizinhos, porque é mais confortável. E ele ainda me segrega: – Na piscina eu vou ficar com eles, não com você. – Eu engulo em seco. Percebo que ele me observa minuciosamente. E eu sei que, se eu ameaçar protestar, ele vai ficar com sentimentos de culpa e ficará comigo. – Você pode ficar onde preferir. E quando quiser, pode vir falar comigo. – A criança está satisfeita e promete que irá ter comigo. Naturalmente, os vizinhos chegam antes que eu na piscina. Eles estão sob um sol de rachar. Ali está quente demais para mim. Eu os cumprimento e eles me oferecem um lugar para ficar ao lado deles. Eu fico nas proximidades, à sombra. As crianças vão e vêm. Quando o sol baixa, eu me junto aos vizinhos.

Uma mãe que é sentimentalmente dependente no tocante a ser *sempre* a número um para o filho teria reagido de modo completamente diferente. Ela teria gerado sentimentos de culpa no filho ("Quem criou você, eles ou eu?") ou teria mandado que ele ficasse com ela ("Você fica comigo, pois assim eu posso ver o que você está fazendo").

Então, algum dia, a criança não vai mais se defender, mas se submeter. Ela não gostaria de magoar a mãe. E então, por sua vez, ela se tornará "amável demais". Ela não pode decepcionar nem magoar ninguém – a não ser a si mesma.

"Eu tive as melhores intenções"

Quando a mãe de Astrid vem visitá-la, sempre lhe traz algo. Astrid acabou de se mudar para a casa nova, cujas paredes ainda estão vazias. A mãe traz quadros, calendários, feitos por ela mesma. O único problema é que a mãe tem gostos diferentes dos de Astrid. Se na próxima visita os objetos não estiverem pendurados na parede, a mãe vai querer saber por quê. Então Astrid dá a desculpa da falta de tempo. Na verdade, ela não tem vontade nenhuma de pendurar as coisas que ganhou, mas o fará mesmo assim. A mãe teve tão boas intenções.

Uma outra mãe ainda corre atrás da filha de 15 anos para colocar-lhe o gorro. A mãe tem "boas intenções". Ela não quer que a filha se resfrie.

Uma estudante recebe freqüentemente a visita da mãe. E toda vez, sem que a filha lhe peça, a mãe limpa o seu quarto. A estudante sente-se frustrada. Mas não se defende dos desmandos, já que a mãe tem "boas intenções".

Um pai manualmente habilidoso vai executar todos os consertos domésticos a chamado da sua filha. Então ele se acha no direito de ficar com a chave do apartamento, para que possa entrar ali – quando tiver tempo – e fazer os consertos. Quando a filha lhe nega a chave, ele fica ofendido e lembra-lhe de que teve "boas intenções".

Uma mulher organiza uma festa de aniversário. Ela convidou também os pais, e estes imediatamente assumem o papel de anfitriões. Eles querem que a festa seja um sucesso e que a filha não faça "má figura". A mãe limpa novamente todos os copos antes da hora de servir, mexe a comida na cozinha para que não queime. O pai intima a filha, a cada três minutos, para que sirva mais bebida aos convidados. À noite, a filha está a ponto de enlouquecer. Ninguém entende por quê. Todos tiveram "boas intenções".

Uma mulher alugou um apartamento e vai se mudar em breve. Todos os dias sua mãe lhe traz um prático objeto doméstico e diz: Isto é pra você. – A filha recusa tudo, mesmo que tivesse bastante serventia. A mãe nunca pergunta se a filha realmente *deseja ter* aquelas coisas. Mas ela também tem "boas intenções".

Quando alguém realmente tem boas intenções conosco, não nos impõe seus préstimos. Tampouco nos "alegra" contra a nossa vontade tentando nos convencer de que somos burros ou ingratos quando *não* queremos seus préstimos.

Uma pessoa que exige gratidão está fazendo um investimento. Isso significa que primeiramente ele dá, mas sempre tem uma retribuição em vista.

Alguém a presenteia com um saco de batatas, e você o aceita, porque não quer decepcioná-lo. Mas em seguida, silenciosamente, ele reivindica um saco de deliciosas maçãs. Se você não atender à sua reivindicação, ele vai se sentir "explorado". As relações nas quais alguém tem "boas intenções" funcionam de acordo com esse padrão.

Quando temos "boas intenções" em relação a alguém, devemos sempre nos perguntar se não temos boas intenções para com nós mesmos.

Se não é a nossa imagem que está em jogo, se não queremos criar uma obrigação do outro em relação a nós, e se, oportunamente, não esperamos retribuição.

Agora eu posso estar dando a impressão de que condeno a prestatividade. Nada disso.

"Existe mais ventura em dar do que em receber", já diz a Bíblia. Ajudar alguém deixa uma sensação boa. Leva a gente para mais perto do outro. O ato de ajudar deve vir do coração, não do raciocínio. Toda ajuda calculada é investimento. Fazer investimentos também está certo; só não pode ser declarado como ajuda "altruísta".

As mulheres amáveis demais também têm "boas intenções" quando se submetem, são tolerantes ou superprestativas. Também elas esperam uma retribuição: amor, reconhecimento, solidariedade. Ninguém está totalmente livre disso.

Esse investimento de adaptação faz parte da proibição de separação. A mensagem diz: "Eu faço tudo por você. Mas só se você (emocionalmente) ficar comigo, não me trair e não me abandonar".

Essa mensagem geralmente é inconsciente. Por meio da própria necessidade narcisista, a mãe não está (ou os pais não estão) em condições de se identificar com sua filha. Pelo menos não em situações nas quais a mãe tem de "parecer bem", de qualquer jeito.

Segundo Wardetzki, a falta de empatia maternal é um ponto de cristalização da perturbação narcisista. Essa falta de empatia (identificação) em relação às necessidades reais da sua filha faz com que perfeição e desempenho sejam importantes metas educacionais, de um lado. Do outro lado, educa-se para a incapacidade de aproveitar: primeiro o dever, depois o lazer. Enquanto ainda há "lazer", isso não está errado. Mas o que acontece quando não há mais lazer devido ao grande volume de trabalho? Quando apenas a "razão" comandar?

Os dez mandamentos da eterna simbiose

Uma simbiose bem-sucedida é a condição para um processo saudável de separação e individuação. Esse, por seu lado, é condição para um sólido sentimento de identidade, diz a analista infantil Margaret S. Mahler. Como já foi dito anteriormente, a relação primordial entre mãe e criança é uma simbiose. Uma criança vem ao mundo muito imatura e depende da mãe para que identifique e supra suas necessidades de alimentação, fralda seca, proteção e colo. Idealmente, nessa fase a mãe está completamente disponível para a criança – quando a criança o quer. Com o gradativo desenvolvimento e diferenciação de suas percepções e capacidades de locomoção, aos poucos a criança se afasta da mãe. Fato concreto: a criança de oito meses já pode engatinhar, e engatinhar pela casa toda. Ela empreende uma viagem de descobrimento, mas somente quando sabe que a mãe está no segundo plano. Se a mãe se ausenta, a criança imediatamente entra em pânico, chora pedindo pela mãe e a viagem de descobrimento logo fica esquecida. Uma criança que nunca sabe se – ao deixar o quarto – vai reencontrar a mãe, vai se apegar a ela e passar a vigiá-la. Perder a mãe pode significar a morte. Muitos filhotes de mamíferos se comportam assim. Faz parte da simbiose bem-sucedida o fato de que a criança desenvolve a confiança de que tem alguém ali que cuida dela e com quem ela pode se reabastecer. Essa pessoa geralmente é a mãe. Depois que uma certa confiança tiver sido estabelecida, o raio, dentro do qual a criança se move, se tornará cada vez maior. E os intervalos entre um reabastecimento e outro ficam mais longos e a confiança na própria capacidade aumenta. Se a criança for separada dos pais no primeiro ano de vida, a simbiose pode ser perturbada. Então o desenvolvimento estanca. A criança se torna passiva, depressiva e pouco interessada pelas coisas. O comportamento curioso regride. Conforme a duração e proporção do abandono, esse retardamento do desenvolvimento pode ser recuperado, ou então ficarão seqüelas (medos da separação). Até mesmo depressões profundas. Muitas vezes, fica para trás uma deficiência de calor, de segurança, de proteção, de encorajamento, que será procurada por toda vida, geralmente em relação ao sexo oposto. Essas necessidades antigas são insaciáveis, porque procedem da infância e têm pouca possibilidade de serem adequadamente satisfeitas na vida adulta. Quem é que tem vontade de bancar a mãe o tempo todo para um adulto? Uma simbiose malsucedida pode acontecer não somente por negligência, mas também pela proibição de substituição (proibição de separação). Tais crianças são muito sobrecarregadas.

A mãe precisa da simbiose para si mesma porque, quando criança, não recebeu o suficiente de sua própria mãe. Então ela transmite à criança a mensagem de que ela não pode se soltar, não pode se tornar independente e de que será para sempre responsável pelo bem-estar da mãe.

Como a mãe, emocionalmente, não pode cuidar de si mesma, ela fornece à filha também um modelo de incapacidade de enfrentar conflitos, de falta de determinação e de agressividade latente, pois tanta dependência e desamparo provocam muitos ressentimentos. A mãe manipula com os truques próprios dos impotentes: por meio de adulações, abusando dos sentimentos de culpa, contando os próprios investimentos, refugiando-se na doença, e assim por diante.

A mãe não gostaria de assumir o papel da mãe zelosa na simbiose com a filha, mas sim, novamente o papel de criança. E tenta empurrar a filha para o papel de mãe. E com uma filha "dotada", ela o consegue. Só que, com isso, a mãe breca o seu próprio desenvolvimento e o da filha também.

Como um parasita, ela se agarra à vida da filha. – Pouco antes do meu casamento, eu havia escolhido um aparelho de jantar – contou Nina. – Minha mãe estava presente quando o comprei. Entretanto, ela não teve nada que ver com a compra. Então, quando uma vizinha apareceu lá em casa, ela arrancou o meu aparelho da embalagem de presente e o mostrou dizendo: "Isto aqui fomos nós que escolhemos. E tivemos de procurar muito até encontrar algo tão bonito". Eu fiquei possessa, e gostaria de ter-lhe jogado o aparelho de jantar na cabeça. – Ainda hoje se pode notar a indignação de Nina.

Virgínia teve uma experiência semelhante. Ela recebeu uma multa porque o exame de emissão de poluentes do seu carro estava acima do tolerado. A mãe, que mora na mesma casa, pegou imediatamente a multa e a guardou. Ela queria regularizar a situação. – Eu fiquei ali do lado dela, atarantada, e não pude me defender. Quando mais tarde a questionei sobre seu comportamento, ela ficou ofendida. Ela viu a minha atitude como ingratidão e não pôde reconhecer a atitude dela como desmando.

A mãe anseia por simbiose e não sabe. Ela gostaria que alguém cuidasse dela, como uma boa mãe. Wardetzky: "Ela não aprendeu a aceitar e a valorizar a distinção e a separação entre as pessoas. Em vez disso, ela ainda se agarra ao desejo de uma simbiose ilusória, na qual ela não precisa se tornar uma pessoa completa".[27]

E assim a mãe frustrada e carente envia sinais, mandamentos, ao marido e aos filhos.

1. Dê sempre sem nada exigir.
2. Não tenha segredos para mim, que sou sua mãe.
3. Dê satisfação à sua mãe sobre todos os seus passos.
4. Faça sempre o que ela quer.
5. Sua mãe deve ser a número um para você.
6. Não cultue deuses estrangeiros (ocupações que roubam tempo) além de sua mãe.
7. Tenha os mesmos desejos, anseios e opiniões que ela.
8. Esteja sempre disponível para ela.
9. Nunca questione suas normas, seus valores e suas regras.
10. Leia nos seus olhos os seus desejos e realize-os.

De certo modo, ela não gostaria que o marido e os filhos fossem pessoas independentes e auto-suficientes.

Mencionei há pouco que a mãe gostaria de ser a "filha" na simbiose e que empurra a filha para o "papel de mãe". Isso demanda uma explicação. Naturalmente, o papel de filho exige dependência. Dependência demais, porém, deixaria a mãe com muito medo. Por conseguinte, está incluída nela uma "solução" genial; ela tecnicamente continua no papel da mãe que dispensa cuidados, porém, emocionalmente, reivindica o papel de filho. A mensagem diz: Eu cuido de você continuamente e, em contrapartida, você segue os meus dez mandamentos. Você reparou? Esses dez mandamentos se assemelham muito aos dez mandamentos do "ser amável demais"!

"Demonstrações de amor"

Toda pessoa é carente. Toda mãe também. A diferença entre uma mãe "carente saudável" e uma mãe "carente narcisista" é a insaciabilidade da segunda. A mãe que fica ofendida quando os desejos do filho não correspondem aos seus é narcisista. Ela pensa: meu filho não me ama e por isso ele não quer o que *eu* quero. Quem me ama, pensa como eu, é o lema inconsciente.

O que acontece com uma garotinha que cresce sob os cuidados de uma mãe narcisista? Ela aprende que amor e proximidade estão interligados com manipulação e sentimentos de culpa. Ela se tornará amável demais. Ela demonstra todas as atitudes e sintomas já minuciosamente descritos na primeira parte deste livro.

A mãe carente narcisista também não recebeu suficiente amor e consideração de seus pais e agora procura uma compensação na filha. Por isso mesmo, não consegue se identificar direito com os anseios da filha. Ela educa a filha para o perfeccionismo e a orienta para a eficiência. A filha acredita que, se for perfeita e eficiente, será amada. Mas a filha nunca é suficientemente perfeita e boa. Sempre se abrirá uma brecha entre a sua pretensão e a avaliação do próprio fazer.

Certa mulher tira 10 no exame. Mas ela não está satisfeita, pois acredita que o exame foi muito fácil. Outra mulher pesa 40 kg e acha que está muito gorda para usar um *short*. Uma mulher fez um vestido sofisticado. Se alguém lhe admira o vestido, ela fica com sentimentos de culpa.

Ela procura "confirmações" das outras pessoas de que é suficientemente boa, de que é digna de amor. Ela já não consegue enxergar o comportamento do outro de modo sensato, somente em relação à *sua* pessoa e ao *seu* "valor". Mas, assim mesmo, ela não acredita no seu "valor".

Íris mora numa república para estudantes. Um antigo morador volta do seu estágio na cidade e pergunta se pode morar ali por algumas semanas. Íris tem um mau pressentimento, mas anui, porque não gostaria de magoar o rapaz. Ela não quer ser taxada de egoísta. Com sua atitude, ela recebe a "confirmação" de que é generosa.

Uma anfitriã que está oferecendo um jantar fantástico incentiva os convidados, pela terceira vez, para que se sirvam à vontade. Quando eles se servem de pequenas porções, ela relaciona o fato à má qualidade da comida. Então ela não seria uma boa cozinheira. Se os convivas comem muito, "confirmam" que ela é boa cozinheira. E uma boa cozinheira merece elogios e reconhecimento. Se fosse uma mulher equilibrada, ela teria pensado que seus convidados estavam satisfeitos.

Margot combinou tomar um café com uma nova conhecida. A conhecida declina do convite sem mais nem menos, com uma desculpa esfarrapada, como diz Margot. Margot pensa: – Ela só desistiu do café porque não tinha vontade de estar comigo. Porque sou muito chata.

Ilona está jantando com o namorado. Ele cheira o presunto e diz: – Olha, eu acho que o presunto não está mais fresco. – Ilona se sente profundamente atingida e se defende sem demora: – Mas eu o comprei hoje. – Para ela, a constatação do namorado é um ataque às suas qualidades de dona de casa.

A mulher amável demais e carente narcisista acredita secretamente que só seria amada se fosse perfeita, fantástica, altruísta... Mas se ela fosse perfeita, então ela não valorizaria esse "amor", porque ele só se refere à sua perfeição: à sua eficiência, à sua aparência. Novamente, ela *mesma* não estaria sendo amada.

É um dilema sem fim.

As mulheres podem se apegar?

"Você se apega demais!" As mulheres ouvem isso dos homens quando estes têm a impressão de ter sua liberdade cerceada. Ou quando não querem admitir claramente que eles já não têm interesse nela. Esse "você se apega demais" atinge profundamente a maioria das mulheres. Elas se envergonham e gostariam de demonstrar o "contrário". Então, mostram-se especialmente "tolerantes". Passam a aceitar que o parceiro vá e venha quando ele bem entender. Elas aturam sua amante. Ocultam o quanto estão interessadas nesse homem. E sofrem horrivelmente.

Por que apegar-se é tão grave?

Uma pessoa inflige à outra aquilo que lhe infligiram quando era criança. Se tivermos uma supermãe apegada em casa, gostaríamos de nos tornar o *contrário* disso, porque achávamos o agarramento incômodo e nos envergonhamos de estar agora fazendo a mesma coisa.

Mas, agora, o que é o "contrário de apegar-se"? Quando, por apegar-se, entendemos o controle total do parceiro, a proibição de separação, então "não se agarrar" seria a ausência de compromissos e obrigações. Mas, naturalmente, não aspiramos a isso nos nossos relacionamentos.

"O desejo mais íntimo de uma pessoa está ligado ao sentimento de partilhar algo e ter um objetivo, uma ligação", escreve Wardetzky.[28] Contudo, se, quando criança, senti a proximidade e a ligação apenas em relação à proibição de separação e à manipulação, como posso construir uma relação, na qual eu tenho de afrouxar os laços e na qual estou atada ao mesmo tempo? Eu nem sequer tenho um modelo para isso. O apego, quando é descoberto e censurado, causa vergonha e sentimentos de culpa. De outro modo, ele é camuflado como cuidados ou como um dos dez mandamentos da simbiose.

Apegar-se é perigoso. Quando nós nos agarramos a alguém, perdemos o chão debaixo dos pés (lógico, não?). Não ficamos mais em pé e o nosso ponto de equilíbrio está centrado no outro. As crianças pequenas se agarram quando ficam com medo, quando estão com sono ou quando têm de marcar a mãe como sua "propriedade", ou seja, sempre que estão carentes, quando têm de se reabastecer. Quando nos apegamos, esperamos que o outro nos dê proteção e segurança.

Perguntei no meu formulário às vinte mulheres o que elas acham que lhes dá proteção e segurança na vida.

Em primeiro lugar, ficou o parceiro (namorado, marido). Ele foi mencionado por quase todas as mulheres. A seguir, vieram outros fatores externos, como amigas, os pais, os filhos, e mesmo as quatro paredes da casa. Também o emprego, os vencimentos regulares traziam proteção e segurança. Todos eles são objetos de apego, cuja perda mergulharia as mulheres em profunda crise. Pois, à perda de um ente querido ou do emprego, ainda se somaria a perda da segurança.

A palavra "segurança" tem duplo sentido. Às vezes significa apoio, recurso, solidez, estabilidade. Mas segurar também significa parar, tolerar, deter. Como combinar as duas coisas?

Se quebramos a perna, andamos de muletas. Elas nos dão segurança, mas também nos incomodam. Mal a perna está novamente em condições de agüentar peso, as muletas são depostas. Quem quer andar de muletas, quando pode andar novamente por si?

As muletas, que dão apoio, minimizam o peso. Tudo o que nos dá apoio e amparo, igualmente tira parte do peso que carregamos. Mas não nos deixam continuar crescendo no lugar onde nos apoiamos. Vejamos alguns exemplos para que essa situação se torne mais clara.

Uma senhora idosa ficou viúva. Ela está completamente desamparada. Não consegue sequer preencher um cheque, quanto mais regularizar as pendências com a seguradora. Seu marido sempre cuidara de tudo e, com isso, tornou sua mulher dependente.

Eu compro geléia no mercado, o pão no padeiro e minhas roupas na boutique. Mesmo que eu costure bem, goste de fazer a minha geléia e, vez ou outra, faça meu próprio pão, com o tempo essas habilidades se perderão. "Quem descansa, enferruja", diz o ditado popular, e ele está certo.

Isso não significa que devemos fazer tudo sozinhas, não ter um parceiro e não aproveitar as vantagens de um emprego seguro. O dia tem somente 24 horas; sendo assim, cada um tem de estabelecer prioridades na divisão do seu tempo. Quando, porém, recebo de fora proteção e segurança em demasia, corro o perigo de preservar essa segurança e, com isso, negligenciar o uso de minhas habilidades. Eu descanso. Como o homem é um ser social, ele não pode viver totalmente autônomo e isolado dos outros. Ele depende, em determinado grau, da segurança exterior. Mas isso não é tudo. Ele tem de desenvolver segurança *interior.* Algumas das mulheres que responderam ao meu formulário de perguntas (exatamente sete) apontaram fatores interiores que lhes dão segurança e proteção na vida. Eles são: "autoconfiança", "certeza de que estou no caminho certo", "a crença em Deus", "o trabalho comigo mesma", "meus conhecimentos" e "meditação". Uma mulher que se ocupa de esoterismo escreveu: "A crença em Algo superior, divino, me dá segurança. O pensamento de que eu mesma escolhi o meu destino e que tudo o que me sucede tem seu sentido me dá forças. Eu mesma posso moldar e mudar o meu destino". Quem possui tanta segurança e proteção interior aceita a total responsabilidade pelos seus atos. Ela vê uma oportunidade em cada crise e procura fazer o melhor.

Sem dúvida, é difícil perder a minha segurança externa, mas quando isso acontece, não caio tão fundo. Eu apenas caio sobre mim mesma. Quando, contudo, "eu mesma" quase não existo, então eu chego ao fundo do poço.

Quem se agarra, faz-se de vítima. Terá de continuar "amável demais" para garantir sua segurança. E com isso desiste de si mesmo. Assim, pagará caro pelo seu apego: continuará sendo a "vítima".

É proibido pensar!

Andréa é crédula. Podemos facilmente enganá-la ou confundi-la. Seus pais são pobres. Mas isso não seria o pior. Quando descobre que sua mãe comprou roupas caras colando etiquetas de artigos mais baratos sobre as etiquetas verdadeiras, ela se revolta: – Isso é furto, mãe, é fraude! – ela berra. A mãe fica ofendida: – Você quer dizer com isso que sua própria mãe é uma ladra?

Andréa está confusa. Ela começa a ter vertigens. Uma mãe – sua mãe – não pode ser uma ladra. Se ela afirmar tal coisa, ela é desleal, estará sujando o próprio nome. Porém, se ela não confiar na sua percepção e fizer de conta que não percebeu nada, sua auto-estima cairá por terra. Então ela se envergonhará, por si mesma e pela mãe.

Em família, vale o princípio: porque somos seus pais, você não pode pensar mal de nós. Ou: porque somos uma família, fazemos quase tudo juntos. Ou: porque eu sou sua mãe, você deve me dar razão e não pode ser "atrevida" comigo.

Vai uma grande diferença entre proibir que uma criança *fale* sobre alguma coisa fora de casa e proibi-la de *enxergar* as coisas, de *pensar, perceber* e confiar na sua percepção.

O pai de Andréa bebe muito e regularmente. Certa vez, quando Andréa concluiu que ele realmente era um alcoólatra, levou uma bofetada da mãe. – Não se diz uma coisa dessas do próprio pai.

A psicanalista Alice Miller diz em seu livro *Du sollst nicht merken* [Você não deve perceber]: "Aquilo que nós mesmos desmascaramos, não nos torna doentes; pode, antes, despertar em nós indignação, cólera, luto ou sentimentos de impotência. Contudo, o que nos deixa mal é o que não podemos desmascarar, as coações da sociedade, que aprendemos a assimilar através dos olhos maternos e das quais não conseguimos nos livrar mediante nenhuma leitura ou conhecimento".[29]

As mulheres amáveis demais são mulheres que não podem pensar de modo independente, questionar ou enxergar corretamente. Elas não confiam na própria percepção.

Também isso pertence à proibição de separação. Pensar de maneira independente e tirar suas próprias conclusões é desleal.

A proibição de pensar leva à tolerância e a tolerância pode se tornar um pesadelo.

O sapo cozido

Uma mulher me descreveu uma pesquisa que foi feita no Instituto Max-Planck.

Sapos eram jogados na água quente. Eles se debatiam e salvavam-se dando saltos gigantescos para fora d'água.

Outros sapos eram colocados em água fria, que era aquecida aos poucos. Os sapos permaneciam na água, mesmo quando ela esquentava. Ao final, eles morriam, porque haviam perdido a hora do salto. Eles eram literalmente cozidos.

As mulheres amáveis demais também perdem facilmente o momento do salto. Elas toleram e "perdoam" demais.

Quando Ilona se casou, Karl era um jovem amável, um pouco tímido. Ela trabalhava como secretária, Karl estudava Direito. Ambos estavam de acordo que formariam uma família quando

Karl conseguisse seu emprego como assessor e que, então, Ilona ficaria em casa, cuidando dos filhos. O estudo se prolongou. Ilona ganhava bem e Karl não via nenhum motivo para se apressar. Ilona tinha muita paciência com ele. Às vezes Karl bebia além da conta, e nessas ocasiões se tornava ofensivo. Ilona não levava isso a sério e, quando ele ficava novamente sóbrio, pedia-lhe perdão. Ilona perdoava. Após três anos de casamento, Ilona queria finalmente ficar grávida. Karl era contra, bebia em excesso e cada vez mais freqüentemente. Num desses dias, ele bateu em Ilona e depois pediu-lhe perdão chorando. Ilona perdoou também dessa vez. Karl negligenciou os estudos e pouco ajudava em casa. Ilona xingava e se lamentava; impôs ultimatos, que não foram cumpridos. Ela foi inconseqüente. Enfiou a cabeça na areia e esperou que as coisas melhorassem. Como os sapos da pesquisa.

Depois de cinco anos de casamento, Karl traía Ilona e nem se esforçava em disfarçar. Ilona insistia em fazer terapia conjugal. Karl fez as malas e mudou-se para a casa da outra. Ilona lhe paga pensão e ainda tem esperança de que ele volte algum dia.

Por que Ilona está disposta a perdoar tudo e não assumir as conseqüências dos fatos?

Ilona tem medo de viver sozinha, da solidão; de que ela nunca mais encontre um outro homem; de que a considerem fracassada, porque "não conseguiu" levar o casamento a bom termo. Mas isso é apenas meia-verdade.

A outra metade é que Ilona está acostumada, desde a infância, a ser maltratada.

Ela está acostumada a ser explorada, exposta e consolada. Ela não aprendeu a exigir com vigor a parte dela mas, sim, a esperar pacientemente e ser grata por cada migalha. Ela aprendeu a ser tolerante. E aprendeu a usar truques que ajudam a adoçar a tolerância:

- convencer-se de que o problema não é tão grave e que os outros vivem uma situação pior;
- esforçar-se ainda mais, pois, quando se é boa, o reconhecimento vem;
- convencer-se de que Karl também tem seu lado gentil e encontrar desculpas pela prorrogação dos seus estudos.

Ilona tornou-se uma vítima da proibição de separação. Primeiro de seus pais. Com eles, ela aprendeu as regras básicas: seja uma menina boazinha; faça sempre o que nós lhe mandarmos; não exija nada para si mesma.

Dentro desse modelo básico, ela coube perfeitamente na vida de Karl. Ele fazia a reivindicação silenciosa: seja uma mulher boazinha; cuide de mim sob todos os aspectos; deixe-me em paz e não peça nada para si mesma.

Procuramos sempre reassumir o papel que desempenhávamos na família de origem, dizem os terapeutas familiares. Mais tarde, o papel nem é mais percebido; ele se tornou inconsciente. Os longos anos de treinamento dão segurança, e a segurança minimiza o medo, pelo menos a curto prazo. A longo prazo, o medo se multiplica, porque a mulher amável demais acredita que se ela mudar seu modo de se comportar, o mundo acaba. Como a mulher amável demais praticamente não aprendeu a confiar em suas próprias forças e poder, ela fica na dependência de manipular os outros de acordo com seus sentidos. Falta de confiança em si mesma, insatisfação, oscilação de humor, doenças psicossomáticas e a depressão são as conseqüências desse sentimento de falta de adequação, de se sentir vazia por dentro. E então a mulher amável demais se esforça ainda mais e fica menos confiante em si mesma. E assim por diante...

Querida sapa: a água já está quente demais. Pule! Agora!

PARTE III

Chega de "Ser Amável"

1

Tornar-se adulta gradativamente

Com os pais na bagagem

Você se lembra da Magda? Ela é mãe de uma filha ex-anoréxica. Magda esteve adaptada às normas e regras que os pais, o marido, a sogra e os filhos ditaram a vida toda para ela. Magda aceitou tudo sem atritos e não questionava nada. Ela sofreu em seu isolamento e usou a filha como "amiga". Só que, quando a filha ficou anoréxica e Magda cada vez mais depressiva, algo aconteceu. Ela vivenciou sua segunda "puberdade".

Durante a puberdade, que normalmente ocorre entre 11 e 16 anos, não somente o corpo das crianças se modifica e elas se tornam exteriormente homens e mulheres. Paralelamente, inicia-se a modificação da mente dos adolescentes. Eles começam a questionar circunstâncias tidas como "naturais". A menina adolescente começa a se distanciar da mãe, do seu corpo, do seu estilo de se vestir, dos seus costumes, das suas condições de amor, dos seus valores e normas. Agora os valores das meninas da mesma idade são *in*. Elas vestem determinadas roupas, fumam na rua, ouvem música alto, protestam e se rebelam. Isso faz parte do processo de tornar-se adulta, mas não é tudo. As mulheres amáveis demais já são boazinhas durante a adolescência. Elas percebem que magoavam e questionavam a mãe quando esta fazia seus desesperados sermões de conteúdo moral. Assim, elas deixam as coisas como estão e continuam boazinhas. Algumas passaram a ter problemas com a alimentação e resolvem o assunto por si mesmas. – Se Maike não tivesse desenvolvido sua anorexia e eu não tivesse ficado com depressão e não tivesse procurado a clínica, acho que estaríamos morando até agora com a minha sogra e eu me tornaria cada vez mais infeliz, mas apegada às velhas circunstâncias – diz Magda. – Quando pensei na minha puberdade, senti novamente vontade de viver, despreocupação e leveza, como não sentia, talvez, desde a minha infância.

– Dia após dia esmaecia a imagem do ambiente doméstico que, sem a minha presença, acabou desabando, deixando um sentimento que dificilmente posso descrever. Era o sentimento de que tudo estava bem como estava. Era calma, paz, segurança, participação. Nessa atmosfera uma Magda completamente diferente cresceu dentro de mim. Uma mulher que sabia que do modo como havia vivido até agora, não queria continuar. Finalmente, eu tinha que me tornar eu mesma. Mas como?

Enquanto Magda esteve adaptada, agindo em função dos outros, foi considerada "normal" pela família, assim como a maioria das mulheres.

"A mulher desempenha o papel social quando tem um namorado ou marido; se ela com isso desenvolve uma identidade própria, parece ser secundário", escreve Verena Kast. "Isso significa um papel levado a extremos, já que a compreensão dos papéis na nossa sociedade sugere uma mulher adolescente, "normal", uma verdadeira mulher, mesmo que não tenha identidade; quando, por último, ela se vê obrigada a aceitar que um homem lhe prescreva uma identidade."[30]

Se deve continuar sendo a criança boazinha, como poderá tornar-se "adulta"? A resposta é muito simples: de jeito nenhum. Quando uma mulher deseja tornar-se adulta, ser ela mesma, precisa depor sua amabilidade. Ela deve tirar os pais "dos ombros". Não para sempre e eternamente, mas ela deve pesquisar e questionar quais valores, normas e regras fazem bem a *ela* no momento e promovem seu desenvolvimento. O restante deve ser reclassificado.

Tarefas prescritas

– Eu só percebi que funcionava bem demais quando minha mãe veio me visitar, certa vez. Foi logo depois que voltei da clínica. Eu mencionei que, devido a minha ausência, muita coisa havia ficado para trás e que agora, por ocasião de uma faxina-monstro, eu colocaria tudo em seu devido lugar. Minha mãe disse que a casa estava em ordem e que eu não devia ficar estressada por causa disso, pois acabara de voltar da clínica. Além do mais, o marido e a sogra poderiam ajudar. Minha sogra havia se restabelecido maravilhosamente bem durante a minha ausência. Ela havia até se levantado e lavado louça.

– Eu mal podia acreditar que minha própria mãe estivesse dizendo tal coisa. Antigamente ela teria discursado de outra maneira. Naquele tempo eu não fazia nada suficientemente bem ou rápido e perfeito. Então eu pensei: se a sua mãe já está pensando assim, você também deve afrouxar as rédeas. E então desisti da faxina. E funcionou muito bem assim. Magda havia questionado a antiga ordem: "Faça o trabalho doméstico imediatamente e de modo perfeito" – e não a havia admitido desta vez. Todos nós temos muitas tarefas na nossa bagagem. As tarefas abertas e de curto prazo ("Vá até a padaria e traga um pão"), as tarefas secretas ("Não me envergonhe, deixe-me sentir orgulho de você, me valorize") e as supostas tarefas de longo prazo ("Precisamos manter a casa em ordem. Precisamos ser boas mães e ter sempre um ouvido atento para nossos filhos". "As mulheres devem se vestir com elegância"). As tarefas abertas quase não nos causam dificuldades em relação ao ser amável demais. Ao contrário, são as tarefas secretas e de longo prazo que nos dificultam a vida. Tarefas de longo prazo e secretas são as mensagens que recebemos do lar, da escola, e de nossos relacionamentos momentâneos e aquelas que ainda estamos recebendo. As primeiras tarefas, na realização das quais temos a maior prática, e que nos marcaram mais profundamente, são as do nosso lar.

Os mandamentos do ser amável demais, da eterna simbiose e da proibição de separação, são as tarefas secretas, as quais se tornaram tarefas de longo prazo para muitas mulheres amáveis demais. A fim de preservar os pais de determinados sentimentos, crianças dotadas e sensíveis se tornaram amáveis demais na família.

Vimos que os pais de mulheres amáveis demais ainda estão convalescendo de sua própria simbiose fracassada com a mãe. Eles ainda procuram o que receberam de menos: amor, calor, reconhecimento, valorização de suas peculiaridades, segurança, respeito, dedicação, motivação. Eles querem, como toda pessoa, ser amados incondicionalmente, ser levados a sério, ser considerados importantes e poder desdobrar-se livremente. Infelizmente, os pais deles não puderam proporcionar-lhes isso, ou o fizeram de modo insuficiente. Também os pais dos pais tiveram pais "insuficientes". Assim, uma geração de vítimas gerava a seguinte. Cada geração procura buscar com os filhos o que, na verdade, deveria ter recebido dos pais. O cuidado dos pais com "bons sentimentos" é uma tarefa secreta e de longo prazo. A proteção dos pais contra sentimentos de vergonha e culpa é igualmente uma tarefa secreta e de longo prazo.

– Nasci durante a fuga – descreveu Magda (53). – Meus pais vinham do leste. Minha mãe me contou que o trem com os fugitivos foi atacado por aviões de combate em vôos rasantes e que meu parto ficou recolhido. Muitas crianças morreram e foram deixadas para trás, à beira do caminho. Isso tudo minha mãe teve de superar. É preciso ser forte para sobreviver, dizia o lema. Não havia como desistir, chorar, mostrar fraqueza. Mais tarde, minha mãe não agüentava quando eu e o meu irmão chorávamos. Ela ficava louca da vida e nos batia, para que pelo menos tivéssemos um motivo para chorar. Desespero, luto, medo e frustração deveriam ser reprimidos a qualquer custo, para que ela não tivesse que reviver seus próprios sentimentos guardados. Só que, na terapia, eu pude reconhecer que sua reação dura não tinha nada que ver comigo, Magda, mas com os sentimentos dela.

Assim como Magda, muitas pessoas durante os últimos cinqüenta anos, na Alemanha, tiveram de expiar uma coisa pela qual não eram culpadas; como uma culpa coletiva, por assim dizer.

Somos os descendentes dos nazistas, dos causadores da guerra, do assassino e destruidor, do maligno em pessoa. Para os ingleses, americanos e franceses é mais simples, mesmo que seus ancestrais também tenham agido mal. Eles são os vencedores, os bons. E não existe nada melhor para a auto-estima do que "poder sentir orgulho das próprias raízes, da própria história e tradição".[31]

Durante os anos 50 houve grande repressão e os alemães se lançaram ao trabalho da reconstrução. Nos anos 70, a repressão continuou enquanto nos lançávamos ao milagre econômico. A juventude aprendia a língua dos vencedores e fez da cultura deles a sua cultura. A música *pop*, uma nova cultura gastronômica, viagens ao exterior, filmes americanos, tecnologia de computadores e uma Europa em expansão nos deixam esquecer, superficialmente, o que dormita nas profundezas: vergonha do nosso passado como povo.

A vergonha reprimida é uma bomba traiçoeira. Fazer de conta que ela não existe custa-nos muita energia vital. E, mesmo assim, ela arrebenta em lugares imprevistos. Somente admitir a verdade e confrontar-nos com ela pode nos curar. Se a mãe de Magda tivesse visto seus sentimentos de modo crítico diante do choro de seus filhos, tivesse questionado e dado vazão a seus próprios sentimentos, ela teria, então, contado as histórias da guerra para a filha, mesmo chorando, e esclarecendo à filha por que reagia de modo tão duro. Então a filha não teria de guardar nada e não teria tido a idéia de que algo estava errado só porque chorava quando se sentia desesperada ou com raiva. A mãe de Magda, infelizmente, não estava preparada ou em condições de trabalhar a si mesma e questionar suas reações. Só que a anorexia da neta levou sua filha a juntar as peças do quebra-cabeça. Somente depois de desenterrá-las e classificá-las podemos dar as tarefas prescritas como encerradas.

Quantas teclas tem um piano?

Imagine que você tem um piano. Você já sabe tocar muito bem e também gosta de fazê-lo. Então vem o professor de piano e diz que as 25 teclas esquerdas são ruins. Que não precisamos delas. Vamos cobri-las e esquecê-las. Você acredita nele e cobre as 25 teclas. – Não tem importância, vamos tocar com as teclas restantes – você diz. – Ainda há teclas suficientes. – E você toca. A princípio, você ainda percebe que não consegue tocar muitas melodias, porque realmente precisaria das 25 teclas faltantes. Por ora, tocar piano lhe dá muito menos prazer, mas aos poucos você esquece que as teclas cobertas existem. Seu repertório fica limitado, e você sente inveja dos que podem e conseguem tocar todas as notas. Mas você continua se limitando e se consola por ter agido de acordo com o professor de piano. Você é "amável". Quando criamos uma analogia entre as teclas do piano e nossos talentos, sentimentos e capacidades, e comparamos o professor com nossos pais, professores e outros contemporâneos "bem-intencionados", estamos bem no meio da situação de vida da mulher amável demais.

As teclas cobertas são as tais qualidades, sentimentos, talentos, anseios e capacidades que não podemos vivenciar. Toda pessoa, em maior ou menor escala, enfrenta esse problema. Quanto mais teclas temos de cobrir, pior será o nosso modo de viver. As mulheres amáveis demais *não* lutaram nem se rebelam contra o tapar das teclas. Elas aprenderam a tocar virtuosamente com as demais. Tão bem, que ninguém percebe que não podem tocar todas as melodias. As melodias preferidas dos *outros* elas sabem tocar. Mais do que isso nunca interessou a ninguém, tampouco à mulher amável demais. Esta em geral só acorda quando o despertar é horrível: as mulheres amáveis demais não raro precisam ser encurraladas numa condição de desesperança, até que se tornem conscientes das forças ancestrais que habitam seu interior e digam: – "Agora cheguei ao limite da minha tolerância!" – Não podemos crescer quando somos tolerantes e nos deixamos fazer de capacho de fulano e de beltrano. As mulheres que reprimem seus sentimentos mais recônditos, com o tempo acabam por matá-los.[32] Não precisamos esperar tanto. Cada uma de nós tem um detector embutido com o qual pode rastrear situações que nos impedem de desenvolver o nosso próprio potencial. Pena que esse detector não seja muito bom de lidar, e nós gostaríamos de nos livrar dele. Esse detector são os sentimentos de vergonha e culpa.

Eu volto ao exemplo do piano. As teclas suprimidas se tornaram tabus, lacrados com sentimentos de vergonha e de culpa. Somos obrigadas a aprender a suportar os sentimentos de vergonha e culpa relacionados com essas teclas cobertas. Se nós nos "livrarmos" delas com contra-estratégias, devemos novamente nos contentar com o restante das teclas. Devemos destapar as teclas aos poucos, integrá-las na nossa música e suportar os sentimentos de vergonha e culpa e os medos a elas relacionados. Poderá levar muito tempo até que tenhamos (novamente) descoberto e integrado nossos talentos, sentimentos e anseios. Não fazemos uma idéia de quantos deles dormem debaixo da cobertura. Com o piano é bem mais simples. Aliás, um piano tem 88 teclas. Foi o que me disseram.

Naturalidades?

Marlies mora com o marido Edgar e seus dois filhos, um de 3 anos e o outro de dois meses de idade, na edícula da casa de seus pais. Marlies sempre morou com os pais, embora já tenha 33 anos de idade. Quando Marlies e Edgar querem sair, a mãe "naturalmente" fica com as crianças. Se as crianças não estiverem usando roupas suficientemente quentes, de acordo com a opinião da mãe, então ela "naturalmente" os veste com algo mais. Mesmo quando Marlies protesta. Quando chove e Marlies não está em casa, a mãe ou o pai dela vai até a edícula e fecha as janelas. Freqüentemente, a mãe também lava a roupa da família. O pai controla o nível de óleo do carro de Edgar. Sem perguntar, subentende-se. Naturalmente simples. Se a mãe vai fazer compras, ela se lembra de que Marlies precisa de salame e queijo para o jantar. Quando acaba o arroz de Marlies, ela vai com a tigela até a casa dos pais e pega o que precisa.

Marlies é adulta? Fisicamente, sim. Mas não é uma pessoa independente e responsável por si mesma.

O que implica o fato de ser adulta?

"Basicamente implica cortar o cordão umbilical que nos prende aos nossos pais. E devemos traçar uma linha nítida entre a nossa vida e a vida deles", diz a terapeuta familiar Brigitte Lämmle.[33] Cortar o cordão umbilical não quer dizer deixar de ter contato com os pais. Ter cortado o cordão umbilical significa gerir sua própria vida, com todas as conseqüências e responsabilidades por seus próprios sentimentos.

Cortar o cordão umbilical não quer dizer que não podemos aceitar mais nada deles e nem fazer nada por eles. Significa que pais e filhos têm consideração pelos limites íntimos do outro, diante de suas decisões e desejos, e que cada um assume as conseqüências pelos próprios atos.

Faremos de conta que Marlies recebeu um convite de última hora para sábado à noite. Ela o diz para sua mãe e acrescenta: – Então, eu trago as crianças às sete e meia. A mãe veria isso com naturalidade, que ela teria de ficar com as crianças, mesmo sem ter sido avisada com antecedência. Uma Marlies adulta, emancipada, perguntaria primeiro se pode levar os filhos. Contudo, se a mãe não se presta a servir de babá, porque já tem outros planos, uma Marlies não-emancipada ficaria irritada: – Você nunca está disponível quando a gente precisa. – Se Marlies fosse emancipada, procuraria uma babá. Infelizmente, a mãe também não é emancipada. Ela, por seu lado, ficaria contrariada porque os netos estariam em mãos "estranhas". Mas como a Marlies não-emancipada não deseja "estragar" o relacionamento com a mãe, ela não procura uma babá. Por sua vez, a Marlies emancipada faria suposições sobre os ciúmes da mãe, mas mesmo assim arranjaria uma babá. A substituição não se dá apenas nas grandes e dramáticas brigas de família, mas, acima de tudo, nos eventos mais corriqueiros e sutis.

Na temática da substituição trata-se de "conquistar terras em país estrangeiro, e nessa conquista só se pode confiar nos próprios sentimentos, no próprio julgamento, nos próprios sonhos e na própria capacidade de se engajar sempre, e de novo, na relação com os semelhantes".[34] Essa é a opinião de Verena Kast.

Essa conquista nada mais é do que descobrir as teclas do piano. Por isso, as mulheres amáveis demais têm sentimentos de culpa, vergonha e medo. Elas percebem nitidamente que os pais, e especialmente a mãe, têm seu próprio interesse nisso, de que as teclas continuem cobertas. Se Marlies se mudasse com o marido e os filhos, ela estaria roubando "os netos e a missão de vida" de sua mãe. Verena Kast: "Se somos pouco emancipadas, vivemos nossa vida sempre sob o mesmo receio, sob perspectivas sempre iguais, que em algum momento se afastam da realidade".[35] Uma mulher amável demais como Marlies, cuja lealdade aos pais *não* permite que ela se torne independente e siga seu próprio caminho, enreda-se num turbilhão de adaptação, não só no que diz respeito às expectativas dos pais ("isso sempre foi assim e assado"), mas às expectativas de todas as pessoas à sua volta. Ela faz o que, supostamente, os outros esperam dela. Ela investe com seu comportamento perfeito. Ela sabe muito bem quem ainda lhe deve um "favor". Ai dos outros, pelos quais ela tanto fez, se enxergarem isso de uma outra maneira. Ai se os outros não tiverem tempo, quando ela pedir esse favor "de volta". Então ela ficará ofendida para sempre, sentindo-se explorada. Não obstante, continuará a sorrir. Mas interiormente ela poderia vomitar por causa da própria falsidade. E ela se tornará sempre mais amarga. Primeiro, porque percebe que só vive para os outros e pelos outros e não sabe mais o que quer ou quem ela é. Segundo, porque ela percebe secretamente que, do modo como está vivendo, não está sendo correta consigo mesma. Ela se torna cada vez mais insatisfeita. Medos difusos, que ela não pode classificar, se manifestam. E ela se torna ainda mais amável, adaptada e dedicada, para manter o medo sob controle, para conseguir paz interior a curto prazo. Mas, a médio prazo, o medo e a insatisfação se tornarão maiores. Marlies está dentro de um círculo diabólico, que só pode ser quebrado por ela, desde que enxergue o que está fazendo e tenha a coragem de abandonar, apesar do seu medo, os velhos padrões de comportamento. Assim como Inge.

A luta contra o perfeccionismo

Inge está em meados dos 40 anos. Profissionalmente ativa, ela educa sua filha sozinha. – Antigamente eu ficava no maior *stress*. Quando ia receber visitas, eu me levantava às cinco da manhã, limpava tudo, deixava a comida pronta e a mesa posta. Em seguida levava minha filha para a escola e ia para o escritório; mais tarde, eu aquecia a comida, para que quando as visitas chegassem, à noite, tudo estivesse perfeito. – Quando, finalmente, as visitas chegavam, Inge em geral estava literalmente pregada. Mas, naturalmente, ela "tinha" de certificar-se de que todos tivessem o copo e o prato cheios. Quando, então, os convivas empanturrados se despediam antes do tempo, Inge se sentia ofendida e explorada ("eles só vêm aqui para comer").

Na terapia, Inge aprendeu a questionar o próprio comportamento. Para mim, como deve ser uma boa anfitriã? Faço bem demais em me doar assim? O que aconteceria se eu não limpasse toda a casa e apenas servisse sanduíches? Nesse ponto, Inge sentiu medo e inquietação. O medo de não ser uma boa anfitriã e de não receber mais visitas. Inge ri ao reconhecer isso. A Inge adulta naturalmente não teme de verdade que ninguém mais a visite se ela não deixar a casa arrumada. Mas a criança interior Inge crê que tudo deve estar primeiro "suficientemente bom" para merecer a visita. E ela acredita que isso se consegue com uma boa faxina, arrumação, assar e cozinhar. Em seguida, ela terá de cuidar para que cada conviva beba e coma bem. Com a obrigação de ser perfeita, Inge fica tensa e não consegue manter uma conversação natural, muito menos apreciar a boa comida. Quando a visita finalmente se vai, ela está completamente exausta e se pergunta por que fez isso a si mesma. Para Inge, isso sempre se devia à visita e nunca ao seu próprio comportamento. Durante a terapia, Inge aprendeu a não fazer uma gigantesca faxina antes de cada visita. Ela conseguiu se controlar e preparar uma receita rápida.

Ela conseguiu se controlar e escalar para algumas tarefas a filha de 10 anos, que ficou contente de ser levada a sério. E conseguiu dizer aos seus convidados que se servissem sozinhos. Durante algum tempo, ela se sentiu uma péssima anfitriã, mas quando percebeu que o ambiente se tornou mais descontraído e agradável, desistiu de sua tentativa de controle. Naturalmente ela não conseguiu tudo isso de uma vez, mas treinou com visitas sucessivas. De certa maneira, o perfeccionismo ficou esquecido. E Inge teve a seguinte experiência: mesmo que eu não seja perfeita, sou aceita e amada.

A falsidade adjacente ao perfeccionismo não se refere apenas à perda de muito tempo e energia. O engano nele contido é que quanto mais perfeccionista nos tornamos, mais o medo cresce.

O perfeccionismo é alimentado pelo medo de cometer erros. Se eu nunca cometo um erro, eu penso que tudo saiu tão bem *porque* eu não cometi nenhum engano. Porém, se cometi um erro e o assunto não saiu "perfeito", eu tenho a chance, *no meio* desse assunto, de reverter o leme e fazer o "melhor". O "melhor", conhecido a longo prazo, geralmente é melhor que o padrão rígido da perfeição. Não aprenderemos a lidar com situações reais se imprimirmos o padrão de perfeição ao nosso comportamento. Nós só contornamos o real, o imprevisto, o excitante e o espontâneo porque nos causam medo.

De que modo as mulheres amáveis demais se esforçam para serem perfeitas? Podemos imaginar: na aparência exterior; na arrumação, na faxina, no modo de se vestir e em desempenhos que são visíveis externamente. Esse perfeccionismo também se estende aos membros da família: aos filhos, que devem agradar aos vizinhos e aos professores; ao parceiro, que deve exibir uma camisa impecavelmente branca, passada com capricho. Eu não quero dizer com isso que os filhos e o parceiro devam andar por aí com roupas rasgadas e comportar-se mal na escola e na empresa. Eu gostaria somente de chamar a atenção para o fato de que existem áreas nas quais você está gastando energia demais. Áreas que não valem a energia gasta com elas. Esta pode ser usada de modo mais conveniente em outras coisas. Mas ainda chegaremos lá. O lema é: aprender com os erros, e não evitá-los a todo custo. Senão, como poderemos continuar aprendendo?

Ficar adulto também significa afastar-se de padrões de pensamento preestabelecidos. Significa questionar criticamente supostas exigências e expectativas advindas do exterior e moldá-las numa forma tolerável. Assim como a história do assado.

Um homem observa sua mulher cortar uma tira de aproximadamente três centímetros do assado de domingo. Ele lhe pergunta por que faz isso. A mulher diz: – Ora, porque a minha mãe sempre fez isso. O sabor fica incrivelmente melhor. Não sei explicar por que, mas a verdade é que assim o assado fica muito mais gostoso. – Na primeira visita da sogra depois desse incidente, o marido traz o assunto à baila. A sogra diz: – Sim, o assado fica realmente mais gostoso. Minha mãe também sempre faz isso. Mas por que, eu não posso dizer. – A avó velhinha ainda vive, e o marido, que entrementes ficou curioso, insiste em visitá-la o quanto antes. Ele então lhe pergunta sobre o corte do assado. – Ora, é muito simples – diz a avó rindo. – Antigamente eu só tinha uma panela pequena e era obrigada a cortar um pedaço do assado para que coubesse nela. O resto eu aproveitava no dia seguinte.

Desmantelando investimentos secretos

Steffi está sempre se lamentando. Se os negócios vão bem, ela se lamenta porque trabalha demais. Se os negócios vão mal, ela se lamenta dizendo que logo vão ter que abrir falência. Se estiver chovendo, ela se lamenta porque está frio demais. Se faz sol, ela se lamenta porque está quente demais. Quando não tinha um parceiro, ela se lamentava da solidão. Quando arranjou um, ela lamentava-se porque tinha compromissos. Quando não tinha filhos, lamentava por julgar-se inferior como mulher. Quando então teve um filho, lamentava-se porque ele a ocupava dia e noite. Ela simplesmente não havia imaginado as coisas desse jeito!

Na terapia, tentamos descobrir o que teria de acontecer para que Steffi ficasse bem. Não encontramos nada. Ela teria colocado defeito em tudo. Mas descobrimos uma outra coisa:

Steffi não *podia* passar bem. Por quê?

Steffi responsabilizava os pais por muitas coisas negativas em sua vida. Eles eram culpados por ela ser tão gorda. Afinal, quando criança, ela sempre tinha de limpar o prato. (Detalhe: Steffi não era gorda; ela apenas se *sentia* terrivelmente gorda com seus 65 quilos e 1,63 m de altura).

Os pais também eram culpados por Steffi só ter podido freqüentar um curso de vendas. Ela saiu da escola no meio do curso científico porque tinha notas baixas e repetiu de ano. Os pais deviam ter exigido mais dela nos estudos. Além do mais, eles eram culpados porque ela não tinha nenhum *hobby* e nenhum amigo. Quando criança, Steffi tentou aprender flauta, piano e guitarra, mas logo perdia o interesse, porque tinha de praticar muito. Nos esportes, foi a mesma coisa: Steffi nunca levava nada até o fim. E os pais eram culpados, pois eles deviam simplesmente tê-la obrigado. Os pais fizeram tudo errado, por isso hoje Steffi está tão mal. Ela acredita nisso com toda a seriedade. Quando nos aprofundamos mais nessa questão, chegamos ao fundo desses mal-entendidos. Steffi achava que, se ela estivesse *bem*, os pais dela poderiam ter a idéia de que, afinal de contas, eles não tinham feito tudo errado.

E isso Steffi não queria de jeito nenhum. Pois seus pais são muito prestativos – por causa de seus sentimentos de culpa. Steffi os atormenta bastante e, então, as "reparações" fluem: dinheiro, cuidado com as crianças, ajuda doméstica. Steffi não tem a consciência pesada, apenas o sentimento de que não há mais conserto para a sua situação e que os pais devem "sangrar" eternamente, depois de tudo o que lhe "fizeram".

Steffi se comporta como alguém que entrou com a carroça na lama e que agora procura por ajuda. E de fato, ela encontra alguém que põe mãos à obra para deixar essa carroça novamente em ordem. Steffi deixa-o trabalhar bastante e descansa enquanto se lamenta muito.

Naturalmente, esse não é um comportamento responsável e adulto. Steffi deve aprender que ela é a única responsável por desencalhar a carroça da sua vida. E ela tem de aprender que também é divertido arregaçar as mangas e assumir controle e poder sobre as circunstâncias da sua vida, e que é muito deprimente enxergar a si mesma como uma vítima desesperançada.

O princípio que orienta a vida de Steffi é: eu faço sempre o papel de vítima, para que você possa fazer o papel de salvador.

O papel de vítima é um "investimento" secreto: porque estou tão mal, todos têm de me ajudar. Steffi só continuará a amadurecer quando não encontrar mais ajuda ou quando ela mesma desistir de sua comodidade e agarrar a vida com as próprias mãos.

Outra forma de investimento secreto é a relação entre filhos adultos e seus pais, conforme praticava Ute. Ute tem 35 anos e mora a 50 km da casa dos pais. Ambos são muito agarrados à filha. Eles não têm amigos, nenhum *hobby*, passam o dia todo na frente da televisão e esperam. Há anos, Ute procura, em vão, dar nova vida a seus pais. Ela lhes dá sugestões de como eles poderiam passar os fins de semana. Ela lhes levou uma esteira e uma bicicleta ergométrica, para que possam ficar em forma, sem sair de casa.

Naturalmente, os pais não aproveitam as boas sugestões de Ute, nem se exercitam nos aparelhos. À intimação de partilhar algo com senhoras mais velhas, a mãe responde: – Por que motivo eu devo procurar amigas? Eu tenho os meus filhos! – Ute está numa armadilha. Ela se julga responsável pelo bem-estar dos pais. Somente quando os pais estiverem bem, ela será dispensada desse encargo. E os pais cuidam para que isso nunca aconteça.

Ute faz o jogo deles. Esse é o seu investimento secreto: se eu for uma menina boazinha e cuidar do bem-estar de vocês, vocês terão de me liberar. Para os pais, esse jogo significa: enquanto não estivermos bem, você tem de cuidar de nós.

Também aqui basta que *um* saia do jogo para que o jogo termine. Ou comece um jogo diferente.

O "ser amável" dos pais de Steffi e Ute faz com que eles tenham sossego a curto prazo das contínuas reivindicações. A longo prazo, contudo, fazer concessões é fatal. Não só porque é mais caro e mais extenuante para o doador. O complicado de tudo isso é que as "pobres vítimas" param de se desenvolver. Se Steffi não tivesse pais e os pais de Ute não tivessem nenhuma filha, como seria a vida deles? Eles seriam mais independentes, ativos, saudáveis e despertos.

Você deveria lembrar-se disso sempre que tiver sentimentos de culpa por não ter "ajudado" alguém. Ajude o seu próximo a se ajudar a si mesmo. Se ele não estiver preparado para isso, que arque com as conseqüências e se torne adulto.

A mulher amável demais tem de se submeter aos medos que a mantêm sob controle com a sua maneira de ser "prestativa": o medo de se tornar culpada, o medo da vergonha, o medo de cometer erros, o medo de ser desprezada e o medo de ser deixada de lado pelos outros.

Para se tornar mais independente, deve-se também, aos poucos, admitir e agüentar esses medos. A ênfase está nesse *aos poucos*.

Tornar-se independente é uma meta de aprendizagem generalizada, difícil de alcançar. Você não conseguirá realizar muita coisa com uma meta de aprendizagem tão abrangente. Como o ser amável demais é um fenômeno que pode se estender por todas as áreas da vida, estendemos também o tornar-se independente a todas as áreas da vida. Dividi o tornar-se independente em cinco objetivos, para que você possa ver mais concretamente onde deverá trabalhar. Não tenha receio de pedir o acompanhamento de um terapeuta, pois a tarefa é de longa duração e você provavelmente sofrerá muitas recaídas. Nessas horas, é bom ter alguém que a apóie e que lhe mostre seus sucessos. Em geral, nós nem os percebemos.

Os objetivos são:

1. Desenterrar a criança desprezada
2. Deixar a responsabilidade onde ela deve ficar
3. Não ficar mais à espera de um milagre
4. Atacar os problemas com atitudes firmes
5. Formular metas próprias para a sua vida

Desenterrando a criança desprezada

Essa tarefa é a mais difícil, pois não pode ser realizada por meio da vontade nem do raciocínio; antes, exige a coragem de desnudar sentimentos que gostaríamos de reprimir. Esses sentimentos são vergonha, culpa, medo, raiva, impotência e luto.

Se você não quiser fazer terapia, seria de grande ajuda que você tivesse uma pessoa (amiga, irmã, namorado, marido, mas, por favor, não a sua filha) à qual você possa dizer tudo que lhe passar pela cabeça e que consiga suportar os seus sentimentos. Em todo o caso, você deveria adquirir um diário e anotar tudo. Então você deve fazer algumas listas. Numa relação, você elenca todas as qualidades que, quando criança, você deveria ter *para sua mãe.* A segunda lista deve conter todas as qualidades que você deveria ter *para seu pai.* Na terceira e na quarta relações você escreverá o que você *não* podia ser para o pai e para a mãe.

Por exemplo, para a sua mãe, você tinha de ser gentil, inteligente, prestativa, ativa, obediente, independente, submissa, carinhosa para com ela e apresentável. Mas para o pai você talvez tivesse de ser completamente diferente: corajosa, determinada, independente e ter presença de espírito. Quando criança você ficava no meio de um conflito de papéis, já que ambos queriam coisas diferentes de você. Como você resolveu esse dilema? Você era servil com sua mãe e independente com o seu pai? Ou você vivia em briga permanente com um dos dois? Há muitas maneiras de lidar com conflito de papéis. Procure observar como lida hoje em dia com expectativas conflitantes. Observe-se durante as próximas semanas e anote fielmente, na medida do possível, cada situação no seu diário.

De que maneira você não pode ser, de jeito nenhum? Egoísta, alguém que fala alto, rebelde, temperamental, preguiçosa, comodista, desordeira e obstinada? Então essas qualidades ainda lhe causam sentimentos de culpa e vergonha hoje em dia, fazendo com que se refugie no comportamento "amável demais" da tolerância, submissão, autonegação, perfeição e atitude apaziguadora.

Ainda hoje, você não admitiria de modo algum ser considerada egoísta, alguém que fala alto demais, rebelde, temperamental, preguiçosa, comodista, desordeira e obstinada? Então está mais do que na hora de examinar mais de perto essas qualidades (ou aquelas que você anotou). O que teria acontecido se você, criança, tivesse externado essas qualidades-tabu? Você teria sido castigada? (como?), você teria sido desprezada, seus pais teriam ficado decepcionados? O que aconteceria se você fosse hoje como você nunca pôde ser? Quem a castigaria? (como?) Quem ficaria decepcionado e quem a desprezaria?

Reveja suas fotos de infância e tente se identificar com essa criança. Como era essa criança? O que a deixava contente, o que a deixava triste? Seja compreensiva com essa criança e não seja severa com ela de maneira alguma. Talvez agora você esteja vendo essa criança como seus pais a viam naquele tempo. Talvez você se despreze por ter-se indisposto com seus colegas ou com seus professores. Ou porque você era muito sozinha e triste quando era criança. Por que ninguém a compreendeu verdadeiramente? Por que seus sentimentos foram objeto de riso? Essa criança ainda está em você. Talvez você a tenha escondido atrás de uma fachada de frieza, arrogância e competência.

Hoje, na hora do almoço, visitei minha amiga Ulla. Ela me mostrou uma gigantesca pintura da Virgem com o Menino Jesus, acompanhados de quatro anjos. Ela havia deixado o quadro no chão, já que ainda não havia achado um lugar adequado na casa. – Que coisa mais *kitsch* – foi o meu comentário pejorativo. – Você pretende pendurar isso? – Ulla riu e me contou a história do quadro. Ulla é professora e combinou com os colegas, pouco antes do fim do ano letivo, a possibilidade de distribuir pequenas lembranças aos bons alunos. Ulla tomou partido dos alunos que, supostamente, não haviam "merecido" nenhuma lembrancinha. Ela contou, no colégio, que teria adorado receber um desses retratinhos de santos quando criança, mas que nunca lhe deram um, porque ela era "ruim" demais.

– E eu fico sentida ainda hoje, quando me lembro disso – confessou diante de todos os colegas. Para isso, precisamos de coragem. Algumas semanas depois, no último dia de aula antes das grandes férias, um colega lhe entregou um grande painel embrulhado. Quando ela o desembrulhou, ali estava uma gigantesca pintura sacra. Vários colegas se identificaram com a pequena Ulla; arranjaram o quadro e o emolduraram com carinho.

Ulla estava comovida, e eu também, ao ouvir essa história. O presente era como um bálsamo numa ferida antiga, uma satisfação tardia. De repente, o quadro não me pareceu mais de mau gosto.

Todos nós temos feridas antigas, que doem de tempos em tempos. Resta-nos um anseio de recuperação quando não podemos demonstrar anseios, desejos, impulsos. E ele se mantém fresco e vívido, mesmo depois de várias décadas. Na terapia, trazemos à luz antigos desejos de recuperação. Talvez alguém ainda precise de uma mamadeira, porque foi desmamado muito cedo. Outro tem de comer tantos morangos quantos puder, porque antigamente eram racionados. Um terceiro, finalmente, precisa de um gato, porque antigamente não pôde ter um. Finalmente, um quarto tem de comprar roupas maravilhosas. Na sua casa, sempre se fazia economia porque a prestação do imóvel tinha de ser paga. Quando esse anseio por recuperação é admitido e vivido conscientemente, a ferida se fecha.

E qual é o *seu* desejo de recuperação?

Quando, aos poucos, você admitir espaço na sua vida para a criança enterrada e desprezada dentro de você, ela se manifestará cada vez mais. Dê a ela o que precisa, e será regiamente recompensada. Com o quê? Ela lhe dará de presente uma "bússola" com a qual você poderá identificar claramente seus sentimentos.

Você conhecerá a direção que lhe faz bem. Você passará a gostar mais de si mesma e se tornará autoconfiante, vívida, atuante. Você voltará a ser você mesma.

Deixe a responsabilidade onde ela deve ficar

Se você for "amável demais", provavelmente gostaria de poupar também os outros de determinados sentimentos. A mãe pobre e solitária é trazida na véspera de Natal para a festa, mesmo que o resto da família fique com os cabelos em pé. A terceira porção de espaguete também é engolida, para que a anfitriã não julgue que sua comida está ruim; e assim por diante. Há diversos exemplos neste livro, exemplos de como ser amável demais, de como ser prestativa ou ser "altruísta". Nos momentos em que eu não sou mais eu mesma, meus desejos e anseios também não existem mais. Com isso eu renuncio a mim mesma e aos meus sentimentos e assumo a responsabilidade pelos (bons) sentimentos dos outros.

Com a traição dos próprios sentimentos, eu espero, automaticamente, que o *outro* assuma a responsabilidade pelos *meus* sentimentos. Com isso, delego a responsabilidade dos *meus* bons sentimentos aos outros.

Assumir a responsabilidade por si mesma e pelo próprio bem-estar significa concretamente: desistir de cuidar continuamente dos outros. Deixar os outros sofrer, porque às vezes eles têm de sentir as conseqüências de seus atos, para que se modifiquem, amadureçam e cresçam. Desistir de "reformar" o marido e os filhos e, com isso, deixar claro que os aceita e os julga capazes (pense na mãe, que limpava novamente o piso da cozinha). Assumir a responsabilidade sobre seus sentimentos quer dizer também não associar todo e qualquer comentário à sua pessoa (se o presunto não estiver fresco, isso não quer dizer que você não é uma boa dona de casa). Significa, também, não estar o tempo todo à disposição dos outros; esperar menos e agir mais. Agir mais egoisticamente.

Não fique à espera de um milagre

Quando eu for esbelta, quando eu encontrar o homem certo, quando eu estiver casada, quando eu tiver um filho, quando o meu filho entrar na escola, quando o meu filho terminar o colégio, quando ele sair de casa, quando tivermos uma casa própria, quando ganharmos na loteria... então minha vida será uma maravilha.

"O desejo de obter aquilo que não pudemos ter nos dava a esperança de que um dia, concretizando esse sonho, a nossa vida melhoraria. As fantasias e a saudade eram os nossos amigos mais chegados. A desvantagem da fantasia é ao mesmo tempo sua maior vantagem: a fantasia nos impede de viver o presente", escreve Geneen Roth.[36]

Viver de sonhos. Esse princípio pode ser muito bem observado em algumas mulheres obesas. Elas têm o guarda-roupa abarrotado. No mínimo, de cinco tamanhos diferentes. Mas como no presente elas necessitam do tamanho maior, e estão sempre vivendo para o dia em que emagrecerão e caberão no manequim 42, não compram nada novo no tamanho 48. Não "compensa", porque logo estarão magras. A questão é agüentar a dieta, e então... São em grande número as mulheres que tiveram o manequim dos seus sonhos por poucos dias, e metade do guarda-roupa está atulhada com roupas desse tamanho. Não interessa que ela não "entre" nessa roupa em 99% do tempo. Elas pensam: enquanto eu não me conformar com o tamanho atual, ainda posso emagrecer. Porém, se eu aceitar esse tamanho como "real", eu nunca mais vou emagrecer. O presente é passageiro e "propriamente" não conta. A realidade é o mundo dos sonhos.

No meu formulário, eu pergunto: "o que teria de acontecer para que eu seja feliz?" Algumas mulheres escreveram que para isso elas teriam de ter um parceiro. Ou filhos. Elas não têm idéia da energia que podem transmitir aos outros com seu bem-estar.

Muitas mulheres não tomam decisões sobre sua vida quando estão sem um parceiro. Elas não tiram férias sozinhas, não compram uma casa, não compram um carro novo. Elas esperam, e esperam, e esperam. Sim, mas, afinal de contas, esperam o quê? O que um homem lhes daria que elas não têm? Logicamente, as coisas têm muito mais graça quando temos companhia do que quando estamos sozinhas. Mas o que as mulheres das quais estou falando procuram é mais do que um homem. É a simbiose. Elas gostariam de ter alguém que cuidasse delas como uma boa mãe. Já aventamos esse assunto. Mães boas, especialmente homens desempenhando o papel de mãe, são muito raros. Temos de aprender a paparicar a nós mesmas.

Atacar os problemas com atitudes firmes

Mas houve mulheres que, à pergunta sobre o que as faria felizes, deram outras respostas. Uma mulher escreveu: "Viver numa praia no exterior"; uma outra: "Viver sem obrigações; sem precisar sempre corresponder a alguma expectativa. Não ter de dar satisfações porque vivo de modo diferente dos outros".

Essas duas mulheres vivem sob excessiva pressão. Férias e liberdade lhes fariam bem. Dar-se o direito de aproveitar, de deixar a alma divagar, de aprender a se defender.

E havia ainda um terceiro grupo, que já percebeu que é responsável pelo seu próprio bem-estar:

– Eu deveria ter mais confiança em mim. – Eu deveria ter a capacidade de me separar do destino dos meus familiares. Teria de me libertar da opinião e da pressão da minha mãe. – Deveria estar mais satisfeita comigo mesma, viver de modo mais coerente. – Eu teria de assumir mais responsabilidade comigo mesma. – Eu teria de desistir do meu papel de vítima e descobrir o que eu quero realmente. – A certeza de estar no caminho certo. – Estou a caminho de ser feliz mesmo sem um parceiro; de me alegrar também pelas pequenas coisas.

Tornar-se ativa, mesmo que isso não contente os outros; buscar ajuda; fazer amizades e participar de grupos de ajuda; reivindicar algo para *si*, desmascarar as mentiras da vida e deixá-las de lado; tornar-se sincera e não valorizar mais a "fachada" – isso tudo não se dá sem riscos. Muita coisa pode sair errada. Serão necessárias várias tentativas.

"Perdedores exigem garantias de êxito. Em conseqüência disso, como nunca as recebem, raramente são motivados a ajudar a si mesmos", escreve a psicoterapeuta americana Irene Kassorla. "Os vencedores podem acumular êxitos porque são ativos e tentam a sorte em muitos projetos novos. Eles o fazem, não obstante saber que muitas coisas que começam não darão certo."[37]

Formular metas próprias para sua vida

Você não queria aprender a costurar há muito tempo? Ou a pintar ou a fotografar? Talvez você gostasse de finalmente terminar seus estudos ou tirar um diploma, mas... Tantas pessoas a solicitam, o tempo todo, que você não "consegue realizar nada". Como mulher amável demais, você coloca o interesse dos outros sempre em primeiro lugar, e os seus próprios por último. E por isso você não realiza nada. Uma expressão singular, essa: "não realizar nada". Pois, na própria expressão, importante não é "nada". Eu "não consigo realizar algo", soa canhestro. Mas seria o mais adequado.

O que, afinal, você quer "realizar"? A si própria e às coisas que são realmente importantes *para você.*

"Algumas mulheres não podem viver sem o ar puro da natureza, sem florestas e noites estreladas; outras alimentam a alma com profundos diálogos e com literatura. Outras, contudo, precisam de cores, formas, tons para conseguir realizar algo. Algumas mulheres precisam pular, saltitar e dançar, porque a alma delas o exige. Outras anseiam por total isolamento, calma e paz."[38]

Ouça a sua voz interior e desenterre (novamente) os seus sonhos sepultados. Quando criança você gostava de extravasar, de dançar, de brincar, de pintar, de pisar na lama, de cavar na areia, de mergulhar na água? Houve um tempo em que você foi realmente feliz? Você é feliz (ainda) hoje e deixa o tempo passar fazendo o quê? Essas são as pistas que você deve seguir.

Desenvolver metas próprias significa tomar nas mãos a responsabilidade pelo próprio bem-estar. Da posição de vítima, você passará a uma posição ativa, que decide, uma posição de "autor". Infelizmente, muitas mulheres esperam receber uma "permissão" de fora para que possam realizar algo para *si.* Como essa permissão não vem, elas esperam que os filhos saiam de casa e que o marido morra. Somente como viúvas é que elas desabrocham. Elas arrumam novos círculos de amizade, dedicam-se a *hobbies* novos e pertencem novamente a si mesmas. Você quer esperar tanto tempo? Você não pode modificar os outros, somente a si mesma. Comece pelas pequenas coisas. Você já demonstrou mil vezes que tem capacidade de adaptação. Se assim não fosse, você não teria se tornado "amável demais". A capacidade de adaptação é um sinal de inteligência. Só os seres sem capacidade de adaptação não sobrevivem. O problema é: a que você se adaptou? Às reivindicações externas. Comece a estabelecer, aos poucos, mas persistentemente, algumas metas próprias, assim, a adaptação a essas "exigências" será igualmente bem-sucedida - se você conseguir reprimir seus sentimentos de culpa.

Para conseguir mais independência, poder e controle sobre a sua vida, você deve aprender duas coisas: a se proteger e a se expandir.

Podemos alcançar ambas as coisas dando pequenos passos.

2

Aprendendo a se proteger...

... de abusos

O complicado dos abusos é que, freqüentemente, não os percebemos. De certo modo, nós nos sentimos esquisitas, sorrindo amarelo... As mulheres amáveis demais têm dois mecanismos aprendidos, que lhes minam a proteção. Um deles é o seguinte: *você não deve perceber nada:* e o outro: *você não deve se defender.* Portanto, trata-se de simplesmente perceber os abusos e a nossa reação amável demais. Quando não identificamos um abuso, não podemos, de modo algum, nos defender dele. Mas identificar o perigo não significa, absolutamente, no caso de "ser amável demais", afastá-lo.

Como você nota um abuso? Pelos sentimentos que ele desencadeia em você.

Pia economizou dinheiro e gostaria de adquirir uma pequena casa própria. Visitou muitos imóveis e um agradou-lhe especialmente. Mas a casa é proporcionalmente cara demais. Pia sabe muito bem quanto dinheiro ela pode investir nessa moradia e quanto ela poderá pagar mensalmente para ainda assim poder sair de férias e não precisar passar margarina em pão seco. Pia conseguiu adiantar bem as coisas. Ela falou com o gerente do banco e conseguiu uma proposta de financiamento. Cancelou sua aplicação de longo prazo e esclareceu algumas questões com o Departamento da Receita. Pia está otimista ao procurar o corretor da casa dos seus sonhos. Este lhe preenche um plano de financiamento. Segundo esse plano, Pia conseguirá pagar a casa sem problemas. Ela está perplexa (atenção, primeira armadilha: seu ponto de vista é ignorado). Será que ela errou tanto assim nas contas? O corretor fala sem parar. Pia decide conferir o financiamento mais tarde. – Ora, minha jovem – diz o corretor –, você sabe que a economia é instável. Adquirindo um imóvel, você terá tomado a decisão certa. O imóvel sempre se valoriza, ao passo que não sabemos o que será do nosso dinheiro (segunda armadilha: causar pânico). Você está vendo que conseguirá pagar o financiamento. Não haverá nenhum problema para você com seus rendimentos como enfermeira. E sua profissão é à prova de crise. Ah, ah, ah! Decida logo, minha jovem; até sábado venderemos as três últimas unidades (terceira armadilha: instigar a uma decisão apressada). Se você assinar ainda hoje o pré-contrato, sua casa estará assegurada. Veja você: ela é maravilhosa, com o grande balcão, o assoalho de madeira e as portas brancas. Você não encontrará tão cedo uma casa excelente como essa.

Pia o interrompe. – Posso ver mais uma vez o registro público de imóveis? – Claro, por favor – diz o corretor generosamente e o passa às mãos da moça. Pia vê que essa cópia já tem meio ano e que contém algumas irregularidades que a assustam. Ainda há débitos pendentes do terreno e um registro de usucapião por uma marcenaria, localizada atrás do terreno em questão. Pia engole em seco (quarta armadilha: carência). Ela sabe que essas questões precisam ser bem esclarecidas, pois, mais tarde, podem causar-lhe sérios aborrecimentos. Contudo, Pia gostaria muito de ficar com a casa. O corretor varre suas reflexões da mesa. – A esta altura, o débito já foi saldado e o direito de usucapião, ora... ninguém o utiliza. – Pia gostaria de acreditar nele. (Quinta armadilha: minimizar a própria percepção.) Apesar disso, ela exige um registro público de bens imóveis novinho em folha, que o corretor lhe promete para a semana seguinte. Ainda assim, ele faz pressão para que ela assine um pré-contrato. Pia lê muito bem o contrato do corretor. Ela descobre na borda inferior, em letras bem miúdas, o indício de que a assinatura do contrato está vinculada ao pagamento de uma certa quantia, por ocasião de sua assinatura. Pia fica com raiva. Mas só um pouco, porque ela gostaria de ficar com a casa e não quer deixar o corretor contrariado. Pia sorri conscientemente e diz calma e independentemente: – Senhor M., eu sei que talvez o senhor venda essa casa no sábado. E eu realmente gostaria muito de ficar com ela. Mas essas questões sobre o registro de imóveis precisam ser esclarecidas antes. Vou ter de esperar, não tem jeito. Eu gostaria de me aconselhar novamente com a minha contadora e discutir sobre isso com um arquiteto, amigo meu. O mais tardar terça-feira eu lhe dou o retorno. Está bem? – O corretor concorda. A pressão do prazo está esquecida. Em casa, ao conferir o financiamento, Pia percebe que o corretor simplesmente não levou em consideração todas as despesas extras da compra. Da mesma forma, ele ignorou as despesas de condomínio nas prestações mensais. Pia está orgulhosa de si mesma por ter-se informado tão bem e sente-se preparada para a próxima rodada com o corretor. Pois ela ainda quer essa casa, mas sabe que ainda terá de lutar muito.

No nosso exemplo, deram-se alguns abusos típicos:

Alguém tenta convencê-la usando o ponto de vista dele, sem levar o seu em consideração (1ª armadilha).

Alguém tenta fazê-la de boba quando você não partilha de sua opinião ("certamente que você sabe... – Somos bobas, quando não... – Sim, mas você não fará isso nem aquilo! – Diga-me: você ainda está raciocinando bem ...) (2ª armadilha).

Alguém a pressiona a fazer algo, não obstante você não estar preparada para isso (3ª armadilha: causar pânico).

Alguém a pressiona a resolver rapidamente um assunto que *você* terá de assumir (4ª armadilha).

Aliviar a própria carência por meio do abuso (5ª armadilha).

Finalmente, você também deseja algo e isso tem seu preço. Apesar disso, os custos e as vantagens têm de ser cuidadosamente avaliados.

A mudança da própria avaliação dá margem aos abusos (6ª armadilha). Então dizemos: Ah, não vai ser tão grave assim. Ou: Não faça drama. Ou: Se os outros conseguem, por que eu não? Com isso, nos colocamos na mão dos que nos querem tapear. Agimos contra o nosso próprio interesse. Em todo abuso existem dois culpados! O outro, que persegue agressivamente os seus próprios interesses. E nós, com nossos medos e carências.

São as *nossas* carências, as *nossas* vergonhas, os *nossos* sentimentos de culpa. Na medida em que drenamos esses sentimentos, os abusos bem-sucedidos diminuem.

Os sentimentos que anunciam um abuso são, acima de tudo: uma leve pressão no peito, o impulso de engolir em seco, palpitações, inquietação.

Imagine que você acaba de visitar seus pais e está, neste momento, despedindo-se deles. Na despedida, sua mãe lhe mostra sacos cheios de mantimentos, roupas e garrafas, que ela quer que você leve. Você não deseja, de modo algum, levar essas coisas.

Preste atenção à sua sensação corporal enquanto estiver imaginando isso. Essas sensações fazem parte do sistema de aviso prévio diante de abusos.

Quando elas aparecerem, você deverá sempre levar essas sensações a sério, mesmo que a princípio não esteja preparada para reagir, porque está confusa demais e perplexa. Registre esses sentimentos e identifique: Atenção, perigo! Cuidado. Mais tarde você poderá agir.

... de desistir depressa demais

Imagine que você tem um cachorro que não deve subir no sofá. Ele sabe muito bem disso. Entretanto, ele testa se a proibição vale para hoje também. Ele se senta diante do sofá e olha bem nos seus olhos. Você não reage. Ele chega bem pertinho do sofá. Você não reage. Ele coloca a pontinha da pata direita no sofá. Você não reage.

Corajosamente, ele coloca as duas patas no sofá. Nenhuma reação de sua parte. Então ele descansa o focinho sobre o assento, e em seguida a cabeça. Seu tórax desliza, centímetro após centímetro, sobre o sofá. Em um momento, só falta recolher as patas traseiras e ele estará acomodado no sofá. Conseguiu. – Quer descer do sofá?! Quem foi que mandou? – grita você com o seu cachorro. Ciente de sua culpa, mas igualmente ofendido, o cachorro desaparece. Consciente de sua culpa, porque ele sabia que não podia subir no sofá; ofendido, porque pela sua não-reação omissa você, indiretamente, lhe deu "permissão". Você não traçou limites claros a respeito do lugar em que ele deveria ficar. Você também poderia ter reagido em outros momentos; quanto mais cedo, melhor. Seus limites foram elásticos demais.

Esse é igualmente um problema da mulher amável demais. Quando os limites são demasiado elásticos, a silhueta está em perigo. Mas sua silhueta mostra às outras pessoas quem você é: alguém que se deve respeitar e levar a sério, ou alguém com quem se pode fazer qualquer coisa. Certa vez, dizem que Konrad Adenauer deve ter dado este conselho a alguns jovens colegas: – Tornem-se, primeiro, impopulares; pelo menos assim serão levados a sério.

Será que essa anedota vale apenas para os homens? O que é contabilizado aos homens como capacidade de determinação é considerado arrogância na mulher. Fazer o quê! Se você achar que essa anedota poderá servir em casos de dúvida, pode usá-la. Experimente. As crianças não gostam de pais que são tolerantes demais. Isso meu filho me ensinou rapidamente. Eu havia comprado brigadeiros e prometi dar-lhe um, quando ele tivesse arrumado o quarto. Ele reclamou durante toda a arrumação e insistiu que queria comer seu brigadeiro antes de terminar. Esse assunto não era tão importante para mim. Enquanto ele reclamava, fiquei imaginando se não podia dar-lhe um brigadeiro como adiantamento e depois mais um como recompensa. Eu mal fiz uma alusão às minhas reflexões, e ele me disse horrorizado: – Não! depois. Você disse depois e agora vai ser assim. – Naturalmente, cumpri com a minha palavra. Ficou claro que meu filho não estava se importando com o brigadeiro, mas, sim, em saber que podia confiar na palavra da mãe. Depois disso, levo minhas próprias ameaças ou promessas muito mais a sério diante de crianças (e adultos). Lógico, não? Quando você mesma não respeita as suas promessas, por que outra pessoa deveria respeitá-las? Isso não significa que *nunca* podemos fazer concessões. Uma criança mais velha pode lidar com o fato de que podemos rever uma decisão a curto prazo. Se vocês se prepararam para ir à piscina e começa a chover, não faz sentido levar a pretensão adiante. Então uma discussão se faz necessária: vamos ao clube, ou adiamos o banho de piscina e, em vez disso, vamos ao cinema?

A concessão que eu condeno é a irrefletida, obrigatória. Ela é dirigida pelo medo, o medo de não ser amada.

Miriam "realmente" não desejava começar um relacionamento amoroso com Mark. Mas não se deixou repelir. Ele se esforçou vivamente para conquistar Miriam. Ele sempre estava por perto quando ela estava sozinha, o que era bastante freqüente. Miriam não sabia o que fazer. Todas as suas amigas tinham namorado e ela não queria ficar para trás. Mark começou a insistir com Miriam para que dormisse com ele, como "prova de amor". Miriam mal acabara de completar 17 anos. Ela não queria perder Mark; então, ela lhe deu provas de "amor". Mais uma concessão. Ao mesmo tempo, Miriam ainda esperava conhecer o homem "certo". Mas, engravidou de Mark. A família de Miriam foi irredutível e insistiu no casamento. Miriam cedeu de novo. De repente, ela se viu com marido e um filho. "No fundo", ela queria terminar o colégio e talvez continuar estudando. Hoje Miriam tem 25 anos, teve um segundo filho, que "no fundo" ela não queria, e gostaria de se separar do marido. Ela nunca o amou. Mas recomeçar a vida sozinha demandaria muita energia, ainda mais como mãe, tendo que educar seus dois filhos. Assim, tudo fica como está.

Naturalmente, Miriam é um caso extremo que, por sorte, não é tão freqüente. O "caso normal", ao contrário, que leva a uma rápida desistência no plano cotidiano "banal" acontece:

Quando a mãe renuncia ao seu pedaço de bolo porque as crianças querem mais (quase toda mãe faz isso, e não tem nada demais, se ela realmente não se importa).

Quando a gente limpa pela quarta vez a caixa de areia dos gatos, mesmo que não seja nossa vez.

Quando somos escalados novamente para o passeio com o cachorro.

Quando passamos férias na praia, mesmo se quiséssemos ir para as montanhas.

Quando concordamos em cuidar do porquinho-da-índia da vizinha, mesmo sem a menor vontade de fazer isso.

Quando eu calço as meias de lã que a minha velha tia fez com "boas intenções", não obstante eu odiá-las.

A lista permitiria ser continuamente ampliada e você deveria elaborar uma lista com seus próprios exemplos.

Não existe uma proteção perfeita contra a tolerância. Provavelmente, teremos de lidar com isso durante toda a nossa vida e descobrir sempre que fomos mais uma vez vítimas do "ser amável demais". É como um sinal que nos diz: – Pare; aqui você não prestou atenção conscientemente aos seus sentimentos.

Também nessa parte existe um sistema de alarme prévio. Quando a arte de persuasão do seu interlocutor lhe causar um leve mal-estar, você já sabe que algo não está certo. Preste atenção à sua própria percepção quando você estiver sendo "persuadida". Seu sistema de alarme funciona de modo diferente? Aprenda a perceber sentimentos e percepções sutis, com os quais o seu corpo lhe sinaliza: Atenção, armadilha!

Essa é a proteção: perceba isso e só então passe a agir, dizendo *não*, gentilmente, mas com determinação. E mantenha a sua determinação.

... da própria credulidade

Férias na Turquia em 97. Durante o tempo todo, eu não havia comprado nada para mim. No penúltimo dia, descubro num *shopping* do hotel um broche de lápis-lazúli. É de tarde e há penumbra dentro da loja.

Eu quero o broche. Como não tenho dinheiro no momento, a vendedora o guarda para mim. Ele deve custar 53 marcos. Era impossível regatear. Quando, no dia seguinte, à luz do sol, eu volto à loja, a pedra me parece estranhamente clara. Com um sorriso gentil, a vendedora vai buscar um saquinho para o embrulho. Ela fala muito mal o inglês, de modo que não posso discutir sobre a autenticidade da pedra. Reflito febrilmente sobre a aparência dos lápis-lazúli que tenho em casa. Eles eram de um azul mais profundo e escuro. Eu pergunto à vendedora se a pedra é autêntica. Ela não compreende e sorri como se usasse uma máscara. Eu penso que ainda posso desistir. O broche me agrada, mesmo que a pedra não seja verdadeira. Eu fico com ele. Será que ele realmente me agrada? Quando o comparo com meus verdadeiros lápis-lazúli, ele me parece barato. Vidro tingido ou plástico com a armação de metal que imita prata. Por que eu fui tão burra? Eu não costumo usar bijouterias. Fico com muita raiva e contabilizo os 53 marcos na conta de "experiências de vida".

Como aconteceu comigo, acontece com milhares de turistas. Acreditamos em algo, porque *queremos* acreditar. Desejamos adquirir uma pechincha, mas a cobiça, a carência e o medo de nos envergonharmos quando nos abstemos, a curto prazo, de realizar a compra, nos torna presas fáceis num país estrangeiro.

As mulheres amáveis demais também costumam ser mulheres crédulas, que podem facilmente ser enganadas. Elas são ingênuas e crêem que todos são tão honestos quanto elas.

Uma amiga contou-me a seguinte história ligada à sua própria terapia. A terapeuta havia lhe chamado a atenção para o fato de ela, às vezes, balançar levemente a cabeça durante a conversação. Depois de uma negação inicial ("tudo mera coincidência"), ela se recorda de que na igreja que freqüentava quando criança havia um cofre com o formato de um menino negro. Sempre que se jogava uma moedinha dentro dele, o menino balançava a cabeça "em agradecimento". Esses cofres do "pobre negrinho", muito difundidos nos anos 50, já lhe pareciam degradantes quando criança. Minha amiga se identificava com esse menino negro e ficava muito emocionada.

Mais tarde, ela observou como outras mulheres reagiam quando alguém falava com elas. Elas não anuíam com a cabeça. Anuir com a cabeça significa concordar. Para quem fala, é um ato de simpatia quando o ouvinte concorda. Somente quando o anuir se torna habitual, é tido como um gesto de submissão. O que ele diz é: sim, sim, você tem razão. Não importa o que você diga, eu creio em tudo e lhe dou razão. Quando somos crédulas demais, passamos um cheque em branco aos outros. Isso não pode acontecer.

Observe-se e preste atenção aos seus "gestos de submissão". Sorrir, inclinar levemente a cabeça para o lado, baixar os olhos, ajeitar a roupa ou o cabelo e anuir são gestos de submissão. Observe as outras pessoas ao seu redor quando você estiver conversando.

Você nota diferença quando os outros estão conversando com o chefe, com os filhos, com estranhos e com amigos? Anote essas diferenças. Peça a opinião de uma boa amiga quanto ao seu próprio comportamento de comunicação.

Você deve tentar fazer cada vez menos gestos de submissão. Como você se sente com isso? Como reage o seu interlocutor?

Quando você tiver a impressão de que alguém deseja empurrar-lhe algo ou persuadi-la de algo que não é certo, peça um "intervalo". Reflita e discuta com os outros sobre o assunto. Você sairá fortalecida dos seus verdadeiros sentimentos e poderá tomar uma decisão da qual não se arrependerá.

... da negação dos próprios sentimentos

Muitas vezes nos traímos involuntariamente e revelamos nossos sentimentos. Eu tenho de repetir outra vez: não se trata de ter de viver sempre e imediatamente nossos sentimentos. Isso não dá certo em sociedade. Mas devemos identificar nossos sentimentos e classificá-los com precisão. Eles têm de adquirir contornos para que - se a situação assim o exigir - possamos deixá-los de lado ou adiar sua satisfação.

Quanto tempo esse processo pode durar até que se possa confiar no próprio sentimento e então agir de acordo? Eu gostaria de demonstrar isso contando-lhes um fato que aconteceu comigo.

Férias num clube na Turquia (é, nessas férias eu aprendi mais algumas coisas). Meu filho vê as fotos de propaganda do banho turco - um casal envolto em grossas nuvens de espuma; um casal durante a massagem; um casal tomando um banho de ducha; ao fundo, massagistas radiantes e sorridentes - e decide que quer entrar de qualquer jeito. Como crianças só podem entrar acompanhadas de adultos, eu me deixo convencer a acompanhá-lo (1ª armadilha). Combinamos um horário com o chefe dos massagistas. Não tenho muita vontade de ir, mas penso: Quem sabe eu nunca mais volte à Turquia e não terei outra oportunidade de tomar um banho turco? (2ª armadilha). No decorrer do dia, eu fico enjoada só de pensar em banho turco. Espanto esses pensamentos e imagino que é porque estou "perdendo" meio dia de férias (3ª armadilha).

E então o meu marido pergunta: - Diga-me uma coisa, aqui só há homens massagistas? De repente, a impressão de enjôo fica mais forte. Começo a sentir palpitações (medo?). Não vi nenhuma *massagista* nas fotos, mas acho que no banho as mulheres são massageadas por mulheres.

A impressão de enjôo, contudo, não quer mais desaparecer. Meu filho espera pelo banho turco de modo esfuziante. O pai não tem nenhuma vontade de "se sacrificar". Portanto, a decisão é só minha (4ª armadilha). Discuto o assunto na praia. Uma promotora de eventos me esclarece que muitas mulheres já reclamaram de que não há mulheres massagistas. Meu "sentimento de eu-não-quero" toma impulso. De repente, ele é tão forte que ninguém mais consegue me persuadir. Quando esclareço ao meu filho que só o acompanharei ao banho turco se uma mulher cuidar de nós, ele diz: – Ah, mamãe, não faça drama. Outras mulheres também já passaram por isso (5ª armadilha). Minha decisão está tomada. Banho turco somente com mulheres. No dia seguinte, pela manhã, chega a nossa vez. Nós vamos até lá e eu pergunto ao massagista se ele tem intenção, como homem, de massagear e dar banho em mulheres. – Sim, por que não? – diz ele admirado. – Aqui as pessoas são todas profissionais (6ª armadilha). Eu esclareço que não tenho intenção de manter o combinado se ele não puder me apresentar uma massagista. E ele não pode. Nenhuma mulher turca se deixaria massagear por um homem num banho turco. Isso ele tem de admitir. Ele me dispensou da minha hora marcada sem ressarcimento. Eu me senti muito bem depois disso. Apenas meu filho estava um pouco decepcionado, mas eu consegui suportar sua decepção.

Você percebe que sentir sinais é uma questão complicada, que sempre muda no decorrer de um processo de decisão, porque sempre são acrescentadas novas informações.

A primeira armadilha: Julgamos pela primeira impressão, agindo mediante um sentimento momentâneo. As conseqüências da tomada de decisão nem sempre nos parecem claras.

A segunda armadilha: Gostamos de ignorar a má impressão inicial, porque somos "sensatas" ("você não vai ter outra chance tão cedo").

A terceira armadilha: A má impressão já se apresenta claramente, mas a classificamos de forma errada ("vai custar muito tempo"), para manter firme a decisão (ir ao banho).

A quarta armadilha: Agora carregamos sozinhos a responsabilidade da decisão. Se desistimos, o outro fica decepcionado. E não gostaríamos que isso acontecesse. O sentimento negativo é mais uma vez fortemente reprimido.

A quinta armadilha: Pressão social. "Se você desistir agora, tem alguma coisa errada com você. Não faça drama; todo mundo faz isso."

A sexta armadilha: O rei dos espertos. O perito nos esclarece que nossos sentimentos não têm justificativa. Como especialista, ele nos conhece melhor do que nós mesmos.

Tenho de admitir que analisar detalhadamente um processo de decisão dá um pouco de trabalho. Contudo, a recompensa vale todo o esforço despendido. O sentimento genuíno adquire contornos precisos e podemos tomar a decisão que é mais correta para nós. Além disso, a auto-estima melhora instantaneamente. Quanto mais você se comportar de modo independente, tanto mais fácil será tomar decisões. E você perceberá mais vezes e melhor quando alguém procurar influenciá-la contra as suas convicções. Isso acontece com muito mais freqüência do que você pensa.

... fortalecendo-se nos pontos fracos

Toda mulher amável demais é uma mulher ferida em seus instintos. Seus limites foram feridos, ultrapassados, desrespeitados.

A cerca do nosso jardim tem buracos; está carcomida e quebradiça em alguns pontos; em outros lugares, ela foi derrubada e está no chão. Mas ela também tem pontos bons, intactos.

Esses são os pontos sobre os quais dizemos que não temos problemas e sobre os quais não nos preocupamos. Pontos em que podemos fazer exigências e nos sentimos bem e independentes.

– Quando criança eu criei o meu próprio mundo, porque não aceitava como pátria o mundo em que vivia. Aprendi que o dinheiro não traz a felicidade. Eu soube o que significam a morte e a violência, o engano, as mentiras, o roubo e o humor, a determinação e a constância. Eu me parti em mil pedaços. O que eu sou hoje é o resultado da maneira como juntei os cacos... Segundo Hemingway, o mundo nos quebra a todos e alguns são fortes nos pontos quebrados.[39]

O sentido da cura é ficar forte nos pontos quebrados, consertar a cerca do nosso jardim e ainda a reforçar, de tal modo que, nos pontos quebrados, ali, onde somos amáveis demais, ela se torne especialmente resistente, para que, finalmente, possamos nos sentir seguras e protegidas por trás dela.

"Dois aspectos pertencem ao sentimento mágico da segurança. O primeiro deles: temos confiança em tomar decisões sozinhas e em assumir a responsabilidade. O outro: não nos sentimos continuamente ameaçadas por tudo ou atacadas ou exploradas, pois sabemos que podemos proteger nossos interesses e necessidades, quando for preciso."[40]

Você está preparada para consertar a cerca do seu jardim? Mesmo que lhe custe muito tempo? Você ainda precisará de algumas "ferramentas".

Uma dessas "ferramentas" é o dom da observação. Você precisará observar como as pessoas se relacionam. Isso você pode fazer no seu ambiente diário e até na televisão ou no cinema. Com um pouco de treinamento, você perceberá cada vez mais elementos. Escreva em um diário o que sempre lhe chama a atenção. Observe a si mesma e a maneira como você se comporta em situações nas quais precisa traçar ou manter os limites. Você perceberá os buracos na cerca do jardim. São os pontos nos quais você não consegue manter os limites; nos quais você é tolerante e crédula demais; nos quais você não confia nos seus próprios sentimentos.

Em seguida, procure exemplos que estão intactos nos lugares onde sua cerca de jardim apresenta buracos. Procure modelos que saibam impor seus limites. Tanto pode ser a tia Irmtraud ou Pipi Langstrumpf, Thomas Gottschalk ou Margarete Schreinemakers. Naturalmente, o melhor é o exemplo com o qual você poderá conversar sobre todo o processo de impor limites.

Provavelmente, esse modelo terá medo, como você. Mesmo assim ele seguirá em frente, mesmo que o medo fique cada vez mais forte. O maravilhoso do medo é que ele regride aos poucos, dentro da situação em questão.

Quanto mais tempo você agüentar a situação de medo, tanto menor ele se tornará. E quanto mais o medo regredir, tanto mais claramente você poderá pensar.

E se não tiver sucumbido aos seus medos batendo em retirada, você se sentirá profundamente orgulhosa.

3

Aprendendo a se expandir

Enchendo o balão aos poucos

O ataque é a melhor defesa, diz o ditado popular. Também os jogos relacionados com prêmios, muitas vezes têm ataque e defesa. No processo de se tornar independente, a proteção dos próprios sentimentos e interesses é comparável à defesa. Mas o que é o ataque, o assalto?

Consiste em tornar-se insolente, rebelde, cuidar de si e dos seus interesses e anseios, ultrapassar os limites impostos a si mesma, agir e sobreviver, *não obstante* o medo que quase faz o seu coração sair pela boca.

Proteger-se e expandir-se são processos que andam de mãos dadas. Trata-se de um processo longo e árduo, mas que imediatamente traz recompensas. Você será mais respeitada pelo seu meio, mas também hostilizada com maior freqüência. E sua autoestima, sua independência crescerão dia após dia, se você se mantiver fiel ao processo.

Podemos comparar o processo de se tornar mais independente ao enchimento de um balão. O ato de soprar o ar é o processo de se expandir, de se impor e se ocupar de seus interesses com mais confiança em si mesma. Mas esse balão tem um pequeno furo, pelo qual, ininterruptamente, escapa um pouco de ar. Isso significa que, se você não soprar forte constantemente, seu progresso se desvanecerá novamente. Essa comparação só é válida para a fase inicial. Depois que você tiver construído o alicerce do comportamento independente, esse, via de regra, se manterá intacto por longo tempo.

Quando souber se proteger e se expandir, você descobrirá também que pode se alimentar melhor psiquicamente. A vontade de viver e a energia logo se farão presentes. E você sentirá menos necessidade da atenção dos outros. Isso facilita o seu relacionamento com o meio ambiente. Você não se importará mais "quando fica de fora", e não mais dará a entender isso fazendo cara de ofendida. Você ficará mais descontraída e tranqüila. Portanto, você já percebe que compensa tornar-se mais independente.

Pipi Langstrumpf é terrível ...

O senhor elegante a olhou e então disse: – Eu acho que você é a criatura mais feia que eu já vi.

– Ah – disse Pipi –, e eu acho que você também não é nenhum modelo de beleza, que nos obrigue a saltar de encantamento quando o vemos!

O senhor distinto parecia ofendido, mas não disse nada. Pipi ficou quieta por alguns instantes, olhando-o de lado. – Você – disse ela finalmente –, você sabe qual a semelhança que existe entre você e eu?

– Entre você e eu? – perguntou o senhor refinado. – Espero que não exista nenhuma.

– Mas tem sim – disse Pipi. – Ambos temos uma boca grande demais. Com exceção de mim.[41]

Pipi é otimista ou pessimista? Ela desiste logo ou é insistente?

Ela confia nela mesma ou quer agradar aos outros? Ela é radiante ou é uma pessoa triste? É independente ou amável demais? É sincera ou "diplomática"? Ela sabe como cuidar de si mesma ou logo fica entediada? Ela parece uma criatura desamparada ou tem poder e influência sobre as coisas ao seu redor?

Quem conhece Pipi Langstrumpf sabe imediatamente as respostas.

Pipi é uma verdadeira praga. Você não precisa chegar a esse ponto, mas quem sabe venha a ser, assim que ganhar um pouco de independência? Trata-se aqui de despertar a Pipi Langstrumpf que existe em você.

Como Pipi pode ser tão atrevida? Por que ela não tem medo dos adultos? Nas histórias de Astrid Lindgren, Pipi tem força sobre-humana. Ela pode erguer cavalos e portanto lutar contra qualquer adulto em pé de superioridade. Ela tem uma mala cheia de ouro e com isso ela tem também poder social. Tem uma grande casa com jardim, que deixa ao abandono de acordo com seus direitos de criança, de tal modo que se pode fazer tudo, sem "quebrar nada". Pipi tem dois amigos, que lhe são fiéis: os filhos dos vizinhos, Thomas e Annika. Os três são unidos também contra os adultos.

Pipi tem diversos animais, um cavalo e um macaco, o sr. Nilson. E Pipi tem uma cabeça cheia de idéias extravagantes, que põe em prática contra as resistências do meio ambiente. Pipi também tem inimigos. A assistente social, que quer colocá-la no orfanato, e os policiais, que vêem crianças independentes como "criminosas". Pipi não vive com os pais; a mãe morreu e o pai é marinheiro e está sempre no mar. Ela já assumiu o pátrio poder.

Pipi Langstrumpf tem, por um lado, recursos exteriores (poder, dinheiro, lugar para se expandir, liberdade) e, do outro, apoio interior (amigos, muitas idéias, vontade de viver, capacidade de persistência, alegria).

Pipi é independente. Podemos aprender com ela. Ela não se deixa abater, está sempre imaginando novas possibilidades, crê incondicionalmente em si mesma e não sabe o que é depressão. Ela encara o mundo com um brilho nos olhos; ela tem poder, pode realizar algo. Pipi é ativa e sente-se plena. Tem presença de espírito e coragem. Nunca está desamparada ou desesperada, porque gasta sua energia na maquinação do chamado "comportamento de vencedora", em vez de ficar matutando em círculos. Pipi é otimista, sim.

O otimismo fortalece

Imagine um copo com água pela metade. O pessimista diz: – Infelizmente, já está meio vazio. – O otimista diz: – Por sorte, ainda está meio cheio. – Não obstante tratar-se do mesmo fato, o otimista se sente muito melhor.

O otimismo e o sentimento de ter o poder de realizar algo na vida são o contrário do desamparo aprendido (lembra-se da experiência com os cães de Martin Seligman?).

"Otimismo significa, como a esperança, ter a crença firme de que, apesar dos reveses e das decepções, no final das contas tudo se resolverá da melhor forma."[42]

A diferença mais marcante entre otimistas e pessimistas está no fato de os otimistas atribuírem seus fracassos *a fatores exteriores passageiros* enquanto os pessimistas atribuem os fracassos *a qualidades interiores.* Quando os otimistas dizem: – Isso foi um grande azar –, os pessimistas sentenciam: – Você é um fracassado. Nunca vai conseguir nada. – É claro que os pessimistas desistem logo. Quando a razão de um fracasso está *em nós mesmos,* realmente não faz sentido continuar. Para quê?

Porém, se o motivo do fracasso está em circunstâncias exteriores variáveis, então eu terei sempre uma nova chance. Quando surgem novas oportunidades, temos vontade de tentar mais uma vez.

Muitas mulheres amáveis demais são pessimistas. Elas não confiam em si mesmas e tampouco crêem que possam ter sorte. Geralmente, elas têm ainda uma grande expectativa com relação ao resultado. Elas não despendem o tempo necessário para fazer melhorias ou completar um aprendizado. E, assim, o insucesso está pré-programado.

A capacidade de persistência, tão importante para todo êxito, é alimentada pelo otimismo e pela esperança em atingi-lo.

O pesquisador do desamparo, Seligman, incumbiu uma doutoranda de verificar a relação entre desamparo e o desenvolvimento do câncer. Madelon Visintainer formou três grupos de ratos e injetou-lhes células cancerosas. O primeiro grupo recebeu choques elétricos, dos quais podiam se esquivar (os ratos podiam realizar algo); o segundo grupo não podia evitá-los (ratos desamparados) e o terceiro grupo não recebeu choques (grupo de controle). As células injetadas foram células de sarcoma, um tipo de câncer muito agressivo. Os três grupos de ratos reagiram diversamente às células cancerígenas. “No espaço de um mês, morreram 50% dos ratos que não receberam choques; os demais conseguiram livrar-se do tumor, o que corresponde a um rato normal. Dos ratos que podiam desligar o choque por meio do acionamento de uma alavanca, 70% também se livraram das células cancerosas. Mas somente 27% dos ratos desamparados sobreviveram."[43]

Com isso, Madelon Visintainer comprovou que o desamparo aprendido pode influenciar o crescimento de tumores de câncer.

Que o desamparo pode levar à morte, já sabemos há muito tempo. As maldições do vodu e as conjurações de xamãs na maioria das vezes agem mortalmente sobre as pessoas que as levam a sério.

O otimismo atua positivamente na mesma medida.

Os otimistas têm um sistema imunológico melhor, pois seus fagócitos, que devoram vírus, bactérias e células cancerosas, se multiplicam mais rapidamente do que os das pessoas desamparadas, pessimistas. Assim uma pessoa otimista verá mais sentido na alimentação saudável, numa vida livre do fumo e do álcool e num programa de exercícios físicos para livrar-se da doença, do que um pessimista que acredita que, de qualquer maneira, tudo é inútil.

Os otimistas avaliam menos negativamente os acontecimentos e se alteram menos por isso. Eles são mais tranqüilos, descontraídos, previsíveis. E eles têm mais apoio social. São bem-vindos em todo lugar por causa de sua natureza cheia de ânimo. Podemos aprender o otimismo em pequenos passos no dia-a-dia.

Sofia entra no bonde cheio. Então descobre que uma senhora idosa ocupou um assento com a bolsa dela. Sofia se aproxima da senhora e indaga, gentilmente, se ela pode retirar a bolsa. A mulher se recusa, pois acha que a bolsa ficaria muito pesada no seu colo. Sofia sorri e fica de pé. Depois de um minuto, a mulher retira a bolsa do assento e a coloca no chão. Sofia fica contente, senta-se e agradece. Em outros tempos, Sofia não teria ousado perguntar.

Anna se acha muito gorda, e gostaria, depois de emagrecer cinco quilos, de comprar uma calça de montaria. Um dia, como estava "bem", entra espontaneamente numa loja, experimenta algumas calças de montaria e compra uma. Depois disso ela está feliz e tem a impressão de ter-se tornado mais independente.

Eu vou com meu filho (de 9 anos) ao clube. Junto à piscina, há um tobogã gigante de vários metros de comprimento com curvas vigorosas, pequenas colinas e vales. Nunca na minha vida eu escorreguei numa geringonça dessas. Meu filho me anima. Prometo que vou experimentar. Estou com medo (do quê, afinal?) e deslizo junto com ele. É uma grande diversão.

Banalidades, certamente. Mas são essas banalidades que desencadeiam o seu modo de agir aqui e agora, que esquentam seu coração e fazem seus olhos brilhar.

Quem quiser ficar otimista e independente terá de enfrentar muitas pequenas situações do cotidiano, que devem ser vivenciadas de modo diferente; *mais positivamente, mais despreocupadamente e de modo mais descontraído*. Quando alguma coisa não corre como deveria correr, segundo a nossa opinião, então podemos tentar modificá-la. Mas não devemos nunca, nunca, nunca nos desvalorizar por isso. O melhor é procurar ajuda, deixar que nos ensinem algo e admitir, quando não houver mais nada a fazer, que o fato pelo menos serviu para alguma coisa boa.

Da "sensação de estar dentro de uma redoma de vidro" à nova vivacidade

– Às vezes sinto como se fosse uma torta com um buraco no meio, que alguém provocou com um soco – disse-me Helena, uma estudante de arquitetura, de 23 anos de idade.

– Nessas horas, eu me sinto paralisada interiormente, não sinto o meu corpo e ando como em meio à neblina. Também não consigo estabelecer contato com o ambiente ao meu redor. É como se eu estivesse debaixo de uma redoma de vidro, e o mundo lindo, ensolarado estivesse lá fora.

O que Helena descreve, muitas mulheres amáveis demais conhecem muito bem.

Elas chamam essa sensação de "vidro fosco", "película protetora", "paralisia" e também "depressão". Todas as tentativas de descrevê-la corretamente falham pois, quando não estamos vivendo essa sensação de estar numa redoma de vidro, já não sabemos direito como ela é.

Helena: – Recentemente, num sábado de manhã, lá estava ela de novo. Fui à cidade e queria comprar uma calça comprida para mim. De certa forma, eu vagava sem destino pelas ruas. Eu me distraía facilmente, mas, apesar disso, eu não conseguia me sintonizar com a realidade. Por um tempo, esqueci o que realmente tinha ido fazer. Perdi-me numa loja, depois em outra. Nada me agradava; eu me sentia estranha diante de todas as pessoas e de mim mesma. Eu me sentia pegajosa por dentro. Também não tinha nenhuma sensação de pertencer a alguma coisa. Sentia-me como um floco de algodão. Num vácuo. Meus movimentos e pensamentos estavam mais lentos. Então fui tomar um café. Isso às vezes ajuda. E ajudou também dessa vez. Uma hora depois eu já estava de novo com a cabeça fresca e pude ir, *diretamente*, comprar a calça.

Muitas mulheres conhecem a sensação de redoma de vidro quando estão descontraídas demais. – Foi durante as férias, quando não havia nada para fazer e eu me entediava na praia – diz Hanna, uma jovem mãe. – Nessas ocasiões, eu deixo meu filho determinar todas as atividades e corro atrás dele como que hipnotizada. Reparei nisso quando vinha da praia, acompanhando meu marido até a nossa cadeira. Tínhamos de nos desviar para a direita e para a esquerda por entre as cadeiras de praia. Se o meu marido passasse pela esquerda, eu também passava pela esquerda. Se ele passasse pela direita, então eu também passava. Executei o meu programa como se alguém tivesse me dado corda. Percebi, até na hora de subir as escadas como eu me apoiava no corrimão, andando devagar. Será que eu precisava de tanto apoio?

Num estado desses, ficamos diante do televisor até o fim da programação, apesar de estarmos com sono e desejarmos estar na cama. Limpamos o prato, não obstante já estarmos saciadas há muito tempo. O difícil é libertar-se. É como se alguém tivesse fiado um casulo ao nosso redor. Nesse estado, podemos olhar para o vazio, sem enxergar ou ouvir nada, como se tudo estivesse em suspenso.

Observei algo parecido no nosso coelho. Antigamente, quando eu ainda o trancava durante algumas horas numa gaiola, ele ficava completamente apático. Semicerrava os olhos, as orelhas pendiam para trás e ele não se movia, mesmo quando a porta da gaiola era aberta. Somente quando conversávamos gentilmente com ele e fazíamos carinhos nele, uma orelha se levantava, depois a outra. Então ele abria os olhos lentamente e começava a mexer o focinho. Aos poucos, o animalzinho despertava novamente para a vida. Eu imagino a sensação de redoma de vidro como esse torpor, pois só a conheço em fracas manifestações em mim mesma. Ela é causada pelo baixo nível de endorfinas ou pela pressão arterial baixa? Tem origem física ou psíquica? Se café ajuda a combatê-la, então um componente físico pode, perfeitamente, estar associado a ela. Então, quando é que *não* está presente a sensação de redoma de vidro?

– Quando, numa caminhada, eu escalo um morro – disse-me certa vez uma mulher. Sempre que nos sentimos muito vivas, não existe nenhuma sensação nebulosa de redoma de vidro.

Um alto nível de adrenalina também ajuda. Quando, numa via expressa, você estiver ultrapassando um caminhão a 120 km/h, e justamente nesse momento ele resolve sair também, a sensação de redoma de vidro estará esquecida.

O que quase sempre ajuda é o *movimento*.

Os movimentos corporais exigem e promovem agilidade, músculos e capacidade de reação rápida. O movimento físico reduz os hormônios do *stress* e permite que o corpo derrame endorfinas. Esses hormônios felizes melhoram o raciocínio. Eles nos tornam otimistas e, no melhor sentido, *high*. A mobilidade interior é desafiada: a fantasia, e com ela a criatividade. "Quanto mais e mais diversificadas as experiências dos sentidos que tivermos apreendido, tendo como base nossa fome por sensações desde a mais tenra idade, mais rápidos nos tornaremos no campo da fantasia. Há muitas imagens vívidas interiores que então podem se manifestar. Elas nos dão mobilidade e liberdade, mesmo que a mobilidade exterior [...] tenha sido limitada", escreve o psiquiatra e especialista em obsessões Eckhard Schiffer.[44] As experiências dos sentidos tornam-se vivas novamente. Fazemos experiências dos sentidos quando agimos nós mesmos, em vez de apenas consumir. Quando nós mesmos fazemos música, plantamos um jardim, cozinhamos, representamos uma peça, mantemos uma boa conversação, brincamos com crianças, pintamos, costuramos, bordamos, tricotamos, fazemos artesanato ou trabalho caseiro, então estamos não apenas nos descontraindo totalmente, mas ganhando de novo o sentimento das nossas capacidades, nos sentimos de maneira diferente do que quando estamos executando essas coisas sob ordens alheias. Somos mais dóceis, maleáveis, atentas, ativas, espertas.

O movimento pode expulsar a névoa e rasgar o casulo. Um programa regular de exercícios (*cooper*, aeróbica, tênis, peteca, natação, tênis de mesa e outros) a ajudarão. E quando você se sentir revigorada e cheia de energia, você será superior e inevitavelmente menos "amável".

"Atrevimentos"

Se refletirmos mais detalhadamente sobre a palavra "atrevimentos", notaremos que se trata de algo positivo. Ousadia, coragem, arrojo. Mas no dicionário traz também o sentido de descaramento, petulância.

No que concerne a tornar-se independente, trata-se de vir a ser sem-vergonha, mas não descarada.

Isso acontece novamente – e não poderia ser de outra maneira – em pequenos passos no dia-a-dia.

Campo de treinamento: supermercado. Jasmin está na fila do caixa com seu carrinho de compras. "De repente, ela se lembra de que precisa comprar um dentifrício. Ela deixa o carrinho e vai até a seção de produtos de higiene. Isso leva poucos minutos. Quando Jasmin volta, seu carrinho foi retirado da fila. Dois jovens, que estavam atrás dela na fila, riem atrevidos (descaradamente). Jasmin xinga e exige seu lugar de volta na fila. Os rapazes fecham o espaço e se recusam a deixar a antiga vaga para Jasmin. Então Jasmin desiste e vai para o final da fila. – Eu me senti bem, mesmo que tenha sido "inútil". Que eu tenha me defendido em altos brados foi um grande avanço. Antigamente eu teria engolido a minha raiva e descarregado em pessoas inocentes – diz Jasmin, satisfeita.

Tanja, manequim 42, 1,60 m de altura, gostaria de comprar um pulôver que combinasse com sua calça verde-tília. Com efeito, na boutique há muitos pulôveres que combinam com essa calça, mas nenhum que combine com sua silhueta graciosa. A vendedora procura empurrar-lhe pulôveres gigantescos. Tanja rejeita debilmente com o argumento de que os pulôveres compridos e volumosos ficam parecendo ter sido emprestados de sua mãe.

A vendedora não desiste. Quando ela aparece com o quinto "pulôver combinando fantasticamente com a calça", e que "disfarça" bem, Tanja explode.

– O pulôver não precisa disfarçar nada em mim. – Ao dizer isso, ela olha a vendedora de alto a baixo. – Eu já lhe disse três vezes que quero um pulôver curto! Se você não tem, diga de uma vez. – A vendedora enrubesce e deixa Tanja em paz.

O comentário de Tanja: – A cada novo pulôver que ela trazia, a raiva crescia em mim. Eu simplesmente estourei. – Mas um pouco de maldade também foi bom nessa situação.

Gabi, orgulhosa proprietária de uma casa, mandou plantar hera no jardim para cobrir o muro. Um dia, a vizinha dá a entender que sua garagem está muito úmida, porque a hera está recobrindo o muro todo. Gabi responde: – Sim, mas é assim mesmo.

Gabi: – Antigamente eu teria pego uma tesoura de jardinagem e cortado a hera na hora. Hoje, porém, eu simplesmente estou tentando agüentar o desagrado da vizinha. Depois disso eu me sinto mais forte.

Assim você se torna "sem-vergonha":

A condição para isso é poder agüentar o desagrado do ambiente ao redor, é poder decepcionar alguém e poder aceitar a própria raiva.

Quanto mais freqüentemente você treinar, tanto mais "sem-vergonha" será. Se você assim o desejar.

Saia de uma vida cheia de velharias

Aristea tem 32 anos de idade, é enfermeira, filha de imigrantes gregos. Os pais de Aristea eram muito pobres quando chegaram à Alemanha, nos anos 60. Eles economizaram e enviaram cada centavo, que não era necessário para viver na Alemanha, para sua pátria de origem. Em parte, apoiavam parentes pobres; em parte, economizavam para comprar uma casa.

Nesse meio-tempo, os parentes conseguiram um discreto bem-estar com o turismo e faz tempo que adquiriram sua casa própria.

Mas os pais de Aristea, em sua mente, ainda se consideram pobres. Aristea cresceu na Alemanha e se orienta pelas pessoas da mesma idade e pelas colegas. Ela mora sozinha e mudou-se há pouco tempo para um novo apartamento, que decorou com bom gosto. Só o carpete não combina direito com o resto. Os pais acham que o carpete ainda está bom, mas Aristea gostaria de trocá-lo.

Com essa proposta os pais perdem as estribeiras. – Você não pode simplesmente jogar o carpete fora; ele está novo – lamenta a mãe. Aristea passa dias dilacerada. Então ela vê numa loja de decorações um bonito retalho de carpete, a preço promocional. Mas ainda assim o carpete é absurdamente caro. Ou será que é absurdamente caro apenas para os pais de Aristea? Ela está confusa. Só tomará uma decisão depois de refletir bem sobre o assunto. Ela mede o quarto e confere seu saldo bancário. Nada a impede de comprar o carpete. Então Aristea decide comprar, com a consciência pesada, é verdade, mas ciente de que ela é que terá de tomar a decisão e responsabilizar-se por ela. Aristea: – Se eu sempre fizer somente o que meus pais permitem, um dia estarei levando uma vida que não será mais a minha. Por que não devo empregar meu dinheiro no que me dá mais prazer? Eu não tenho parentes pobres para ajudar nem preciso economizar para pagar uma casa. Só os meus malditos sentimentos de culpa ainda me atormentam, de vez em quando.

Quando os pais de Aristea vêem o carpete novo, ficam a princípio muito reservados. Aristea não lhes disse o preço verdadeiro; diminuiu-o bastante. Quando os pais sabem como foi "barato" o carpete, eles concluem que o dinheiro foi bem empregado. E então ela agrada também aos pais. Aristea: – Eu não gostaria de ter dito o preço real para os meus pais. Mesmo porque não é da conta deles. Eu é que sei quanto o carpete vale para mim. E eu achei certo comprá-lo.

Cada problema exige uma solução diferente, dependendo também da situação. Os pais de Aristea conheceram a pobreza extrema e aprenderam: não se joga nada fora. Tudo custou dinheiro. Alguns dos parentes podem precisar disso.

Aristea tem de encontrar novas regras para si mesma e para sua vida. Isso pertence ao processo de independência. Se algum dia Aristea passar por momentos financeiros difíceis, ela ainda poderá apertar o cinto.

Talvez você também já tenha tido a experiência de que nos sentimos melhor quando nos livramos das tralhas do porão, quando limpamos o guarda-roupa e descongelamos o refrigerador. Livrar-nos das tralhas, colocar as coisas numa outra ordem, sempre tem que ver com jogar fora o lastro. Se fizermos isso com as coisas materiais, podemos fazer o mesmo com as espirituais. Isso nos torna mais "leves", despreocupados, e ficamos com a cabeça livre para coisas novas. Há pessoas que têm uma "vida cheia de lastros"; não jogam nada fora (a gente ainda pode precisar disto daqui a dez anos), tentam fazer as coisas sempre "certas" (do jeito que o meu avô fazia) e não gostam de arriscar nada (mas quem não arrisca, não petisca). Muitas mulheres amáveis demais vivem uma vida cheia de velharias. E estão certamente insatisfeitas.

Um velho ditado diz: "Se você quiser atingir um objetivo, tem de fazer o necessário para que isso aconteça". Se você precisar de espaço para o novo, tem de eliminar o velho. Isso sempre me faz pensar numa tênia. Na frente, crescem novos membros; atrás, os velhos são afastados.

Um sinal de *vida é o movimento, a adaptação* às circunstâncias variáveis. Cristalizar-se em princípios obsoletos torna a pessoa insatisfeita e velha.

Ora, dirá você, antes, neste mesmo livro, você condenou a capacidade de adaptação das mulheres amáveis demais. E agora, de repente, isso é uma necessidade vital. Como assim? É bem simples. Estar adaptada a princípios da infância, que hoje são antiquados, é prejudicial. É absurdo se eu seguir, aos 30 anos, o princípio de "não deixar nada no prato".

A capacidade vital de adaptação se amolda ao *hoje*, não ao *ontem*. Por isso, você deve primeiro identificar claramente *o seu hoje*. Depois; livrar-se do supérfluo, para dar lugar ao novo. Você sabe, quem solta algo, fica com as mãos livres. Mas antes é preciso aprender a ficar de mãos vazias.

Covardia ou inteligência emocional?

Como pudemos ver, o ser amável demais traz consigo muitas limitações e desvantagens. Em casos extremos, torna-se tão limitador que não vivemos mais a nossa própria vida, mas parecemos comandadas por controle remoto. Se nos surpreendemos impotentes e desamparadas, como joguete dos sentimentos dos outros e querendo agradar a todos (com exceção de nós mesmas), ficamos interiormente cada vez mais pequenas e inseguras. Isso se torna mais evidente nas mulheres que apanham e que são maltratadas pelo marido. Muitas delas estão sempre dispostas a perdoar o marido e a voltar para ele, quando já haviam conseguido abandoná-lo. Por quê?

Porque tanto a vítima de maus-tratos como a vítima de tortura entram no chamado "turbilhão regressivo".

Trata-se aqui de um mecanismo psíquico de sobrevivência, que "age" em situações extremas. Então, a mulher se identifica com o autor e colabora com ele. Ela não se vê mais como vítima desamparada, mas como culpada. Ela afirma para si mesma que, se tivesse se comportado melhor e não o tivesse provocado, ele não a teria maltratado.

Em seguida, ela busca, por meio do comportamento perfeito e do apaziguamento, acalmar o agressor. Esse comportamento também ficou conhecido como "Síndrome de Estocolmo". Quando, há vários anos, terroristas fizeram reféns na embaixada da Alemanha em Estocolmo, alguns reféns se aliaram a eles.

Vimos esse efeito em outras ocasiões nas quais foram feitos reféns: refém e seqüestrador iniciam um relacionamento que "termina" em simpatia mútua e também, às vezes, num relacionamento amoroso. Do lado da vítima, esse é um mecanismo de proteção e sobrevivência, e não pode ser confundido com o relacionamento entre duas pessoas livres. Esse relacionamento pode salvar-lhe a vida. Ao contrário, a "coragem" numa situação de perigo pode custar-lhe a vida.

Um exemplo de "coragem" numa situação falsa foram os "assassinatos em série de mulheres" praticados em Nova York em 1963.

Um criminoso foi solto do presídio e queria praticar seu último assalto para conseguir dinheiro suficiente para iniciar uma vida burguesa. A casa na qual entrou pertencia a uma jornalista e a uma professora. O assaltante imaginava que não havia ninguém em casa. Mas a jornalista estava lá. O arrombador a manietou para assegurar a própria fuga. Nesse meio-tempo, a outra moradora chegou e o assaltante também a ameaçou e começou a amarrá-la. A jornalista jogou-lhe na cara que ele não escaparia impune, pois ela já havia memorizado seu rosto e ajudaria a polícia a encontrá-lo. Em seu pânico, o assaltante viu o sinal de perigo e, com uma garrafa de bebida, bateu nelas até que ficassem inconscientes. Em seguida, ele as apunhalou.[45]

As duas mulheres não foram covardes, mas tampouco especialmente inteligentes. E agora, infelizmente, estão mortas. Nesse caso, a covardia e a diplomacia, a coragem e a burrice estavam lado a lado. Ser "amável demais" no sentido do comportamento perfeito e do apaziguamento pode ser o mais indicado em situações, nas quais, *objetivamente, não temos nenhum poder.* Torna-se, assim, uma medida adequada de adaptação. Uma medida passageira, note bem.

Nas crianças cujos pais lhes impõem maus-tratos, o comportamento perfeito torna-se uma posição diante da vida, como já vimos.

A psicoterapeuta Geneen Roth, que também foi uma criança negligenciada e maltratada, descreveu esses sentimentos do ponto de vista da criança: "Eu disse a mim mesma: não faz sentido admitir, quando não posso fazer nada, me sentir triste, com raiva ou sozinha. Eu decidi ter somente os sentimentos que eu podia modificar... Eu não tinha outra escolha senão ficar naquela casa e, de alguma forma, sobreviver. O problema não é que eu tivesse mecanismos de proteção tão bons quando era criança. O problema é, como adulto, não me servir mais deles".[46]

Imagine como poderia ser sua vida, se você não fosse mais tão amável, tão tolerante, tão insegura ou tão impotente. Se você encarasse seus problemas, transbordando de energia e independência?

Essa mulher está realmente dentro de você. Liberte-se do seu casulo. Bem devagar, e cada dia mais um pouco. Veja os problemas como lições que lhe possibilitarão crescer e desenvolver "músculos psíquicos". Aprenda a se descontrair, a fim de perceber suas necessidades, desejos e impulsos.

Faça isso. Ainda hoje.

Notas

1 Citação dos Irmãos Grimm: *Grimms Märchen.* Dressler Verlag, Hamburgo, 1988.

Parte I

2 Baker Miller, Jean, citada por Kasl, Charlotte Davis: *Women, sex and addiction.* Cedar Press, Londres 1989, pág. 290 (tradução da autora).
3 Goleman, Daniel: *Inteligência Emocional.* Hanser, Munique, 1996, pág. 128.
4 Schultz-Hencke, Harald: *Der Gehemmte Mensch.* Thieme Verlag, Stuttgart, 1982, pág. 22.
5 *Idem*, pág. 24.
6 *Idem*, pág. 27.
7 Rensen, Ben: *Fürs Leben geschädigt*, Trias Verlag, Heidelberg. 1992, pág. 92.
8 Lämmle, Brigitte: *Familienbande - ein Bund fürs Leben.* Mosaik Verlag, Munique, 1995, pág. 83.
9 Seligman, Martin: *Erlernte Hilflosigkeit*, Beltz Verlag, Weinheim. 1995, pág. 23.
10 *Idem*, pág. 148.
11 Grabrucker, Marianne: "Typisch Mädchen". *In*: *Prägung in den ersten drei Lebensjahren.* Fischer Verlag, 1985, pág. 104.
12 Kasl Davis, Charlotte: *Women, sex and addiction - a search for Love and Power*, Cedar Press, Londres, 1989 (tradução da autora), pág. 37.
13 *Idem*, pág. 40.
14 Goleman, Daniel: *Inteligência Emocional*, pág. 273.
15 *Idem*, pág. 274.
16 Eysenck in Göckel, Renate: "Gibt es Unterschiede zwischen Intro-und Extrovertierten in den EXIT-Kriteriem positever Problemlöseprozesse?" Tese inédita, pág. 39.
17 Mulack, Crista: *Und wieder fühle ich mich schuldig.* Kreuz Verlag, Stuttgart, 1994, pág. 26.

Parte II

18 Ehrhardt, Ute: *Gute Mädchen kommen in den Himmel, böse überral hin*. Krüger, Frankfurt, 1994, pág. 115.
19 Kasl, Charlotte: *op. cit.* (tradução da autora), pág. 40.
20 Estés, Clarissa Pinkola: *Die Wolfsfrau*. Heyne, München 1993, pág. 100.
21 Estés, Clarissa Pinkola: *op. cit.*, pág. 389.
22 Burisch, Matthias: *Das Burn-out-Syndrom – Theorie der inneren Erschöpfung*. Springer, Heidelberg 1989, pág. 11.
23 Wolf, Doris: *Wenn Schuldgefühl zur Qual werden*. PAL, Mannheim 1996, pág. 36.
24 Estés, Clarissa Pinkola: *op. cit.*, pág. 101.
25 Tannen, Deborah: *Du kannst mich einfach nicht verstehen*. Kabel, Hamburgo 1991, pág. 267.
26 Wardetzki, Bärbel: *Weiblicher Narzissmus*. Kösel, Munique, 1991, pág. 113 (destaque da autora).
27 *Idem*, pág. 90.
28 *Idem*, pág. 84.
29 Miller, Alice: *Du sollst nichts merken*. Suhrkamp, Frankfurt, 1979, pág. 160.

Parte III

30 Kast, Verena: *Vater-Töchter Mutter-Söhne*. Kreuz Verlag, Zurique. 1994, pág. 24.
31 Rosemarie Welter-Enderlin *in*: Oelker, Petra: *Neue Mütter – neue Töchter*. München 1994, pág. 122.
32 Cf. Estés, Clarissa Pinkola: *op. cit.*, pág. 95.
33 Lämmle, Brigitte: *op. cit.*, pág. 123.
34 Kast, Verena: *op. cit.*, pág. 261.
35 *Idem*, pág. 260.
36 Roth, Geneen: *Sehnsüchtiger Hunger*. Kösel, Munique, 1992, pág. 103.
37 Kassorla, Irene: *Tun Sie's doch*. Hestia Verlag, Bayreuth, 1985, pág. 399.
38 Estés, Clarissa Pinkola: *op. cit.*, pág. 205.
39 Roth, Geneen: *op. cit.*, pág. 175.
40 Lämmle, Brigitte: *op. cit.*, 1995, pág. 129.
41 Lindgren, Astrid: *Pipi im Taka-Tuka-Land*. Oetinger Verlag, Hamburgo, 1986, pág. 20.
42 Goleman, Daniel: *op. cit.*, pág. 117.
43 Seligman, Martin: *Pessimisten küsst man nicht – Optimismus kann man lernen*. Knaur, Munique, 1993, pág. 208.
44 Schiffer, Eckhard: *Warum Huckleberry Finn nicht süchtig wurde*. Beltz Verlag, Weinheim, 1993, pág. 103.
45 Goleman, Daniel: *op. cit.*, pág. 31.
46 Roth, Geneen: *op. cit.*, págs. 130-131.

Bibliografia

Burisch, Matthias: *Das Burnout-Syndom*. Springer, Berlim, 1989.

Dröscher, Vitus: *Spielregeln der Macht im Tierreich*. Goldmann Verlag, Munique, 1989.

Ehrhardt, Ute: *Gute Mädchen kommen in den Himmel, böse überallhin*. Krüger, Frankfurt/M., 1994.

Estés Pinkola, Clarissa: *Die Wolfsfrau*. Heyne, Munique, 1993.

Goleman, Daniel. *Inteligência Emocional*. Hanser, Munique, 1996.

Grabucker, Marianne: *Typisch Mädchen – Prägung in den ersten drei Lebensjahren*. Fischer, Frankfurt, 1985.

Kasl Davis, Charlotte: *Women, Sex and Addiction – A Search for Love and Power*. Cedar Press, Londres, 1989.

Kassorla, Irene: *Tun Sie's doch*. Hestia, Bayreuth, 1985.

Kast, Verena: *Vater-Töchter, Mutter-Söhne*. Kreuz Verlag, Zurique, 1994.

Lämmle, Brigitte: *Familienbande – ein Bund fürs Leben*. Mosaik, Munique, 1986.

Marone, Nicky: *Pippi im Taka-Tuka-Land*. Oetinger, Hamburgo, 1986.

Miller, Alice: *Du sollst nicht merken*. Suhrkamp, Frankfurt, 1979.

Mulack, Christa: *Und wieder fühle ich mich schuldig*. Kreuz Verlag, Zurique, 1996.

Oelker, Petra: *Neue Mütter, neue Töchter.* Mosaik, Munique, 1994.
Rehling, Inge: *Schäm dich.* Ullstein Verlag, Berlim, 1994.
Rensen, Ben: *Fürs Leben geschädigt – sexueller Misbrauch und seelische Verwahrlosung von Kindern,* Trias Verlag, Stuttgart, 1992.
Roth Geneen: *Sehnsüchtiger Hunger.* Kösel, Munique, 1992.
Schultz-Hencker, Harald: *Der gehemmte Mensch.* Thieme, Stuttgart, 1982.
Schiffer, Eckhard: *Warum Huckleberry Finn nicht süchtig wurde.* Beltz Verlag, Weinheim, 1993.
Seligman, Martin: *Erlernte Hilflosigkeit.* Beltz Verlag, Weinheim, 1995.
Seligman, Martin: *Pessimisten küsst man nicht – Optimismus kann man lernen.* Knaur, Munique, 1993.
Steinem, Gloria: *Revolution from within.* Nova York, 1992.
Tannen, Deborah: *Du kannst mich einfach nicht verstehen.* Kabel, Hamburgo, 1991.
Weber-Kellermann, Ingeborg: *Frauenleben im 19. Jahrhundert.* Büchergilde Gutenberg, Frankfurt, 1983.
Wlodarek, Eva: *Mich übersieht keiner mehr.* Krüger, Frankfurt, 1983.
Wolf, Doris: *Wenn Schuldgefühle zur Qual werden.* PAL, Mannheim, 1996.
Zentner, Marcel: *Die Wiederentdeckung des Temperaments.* Junfermann Verlag, Paderborn, 1993.

Revistas: *Stern Sonderausgabe*: Das waren noch Zeiten, 10.9.1996
Brigitte caderno de 4/97
Cosmopolitan 11/96